女子鉄ひとりたび

木村裕子
YUKO KIMURA

観光列車「おいこっと」では、“すげぼうじ”をかぶって、雪んこに（飯山線森宮野原駅）

途中下車した駅では、足湯でリフレッシュ（指宿枕崎線指宿駅）

一緒に飲もうよ。どこ旅しても裕子は食欲満点(函館本線比羅夫駅)

つい念願だった滝行にも挑戦しました(御岳ケーブル・御岳山駅)

ファンの方がわざわざここまで集まってくれました。まさに感動、感動の瞬間です

ついに全線完乗の日！達成の駅は平成筑豊鉄道の「赤」駅に決めました。

幻の鉄道「立山砂防工事専用軌道」乗車

まだ乗っていない鉄道があった　世界屈指の山岳路線！

２０１５年11月17日、平成筑豊鉄道の赤《あか》駅で国内の鉄道路線の全線完乗を達成した木村裕子さんは、その後も全国の鉄道を訪れ、各社・各線区の魅力を多角的に発信する鉄旅タレントとして活躍を続けている。そんな木村さんが近年力を入れているのが、地図にも『時刻表』にも載っていない特殊鉄道、いわゆる〝地図にない鉄道〟の乗りつぶし。鉄道事業法に基づく鉄道路線（モノレール・ケーブルカーなども含む）の全線完乗を達成した乗り鉄愛好者の熱い視線を集めている。

富山県の立山《たてやま》砂防《さぼう》工事専用軌道もそんな知られざる路線の一つ。立山地区の砂防ダム群のメンテナンス資材輸送を目的に設置された鉄道で、18キロにも及ぶ長大な路線延長、全国の鉄道でも最多となる38段のスイッチバック、日本では珍しいナローゲージ（線路幅が通常の鉄道より狭い路線・区間）であることなど、鉄道ファンを魅了してやまないエッセンスが凝縮されている。木村さんがこの知られざる路線の魅力を徹底紹介する（２１０ページ参照）。

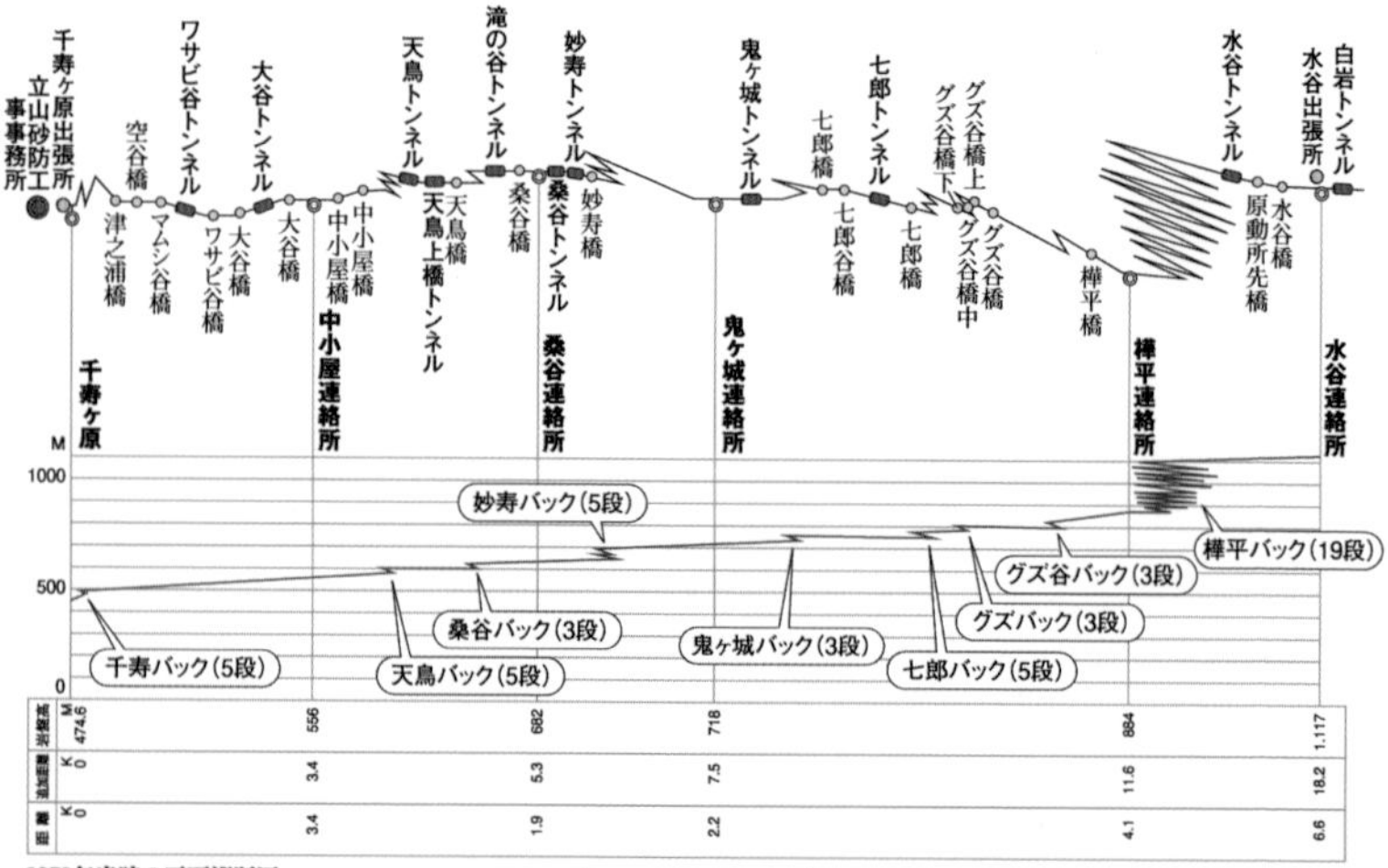

1979年当時の平面縦断図

軌道平均勾配＝$\frac{1}{29}$　軌道最急勾配＝$\frac{1}{20}$…………（七郎バック）

線路幅610ミリ、ナローゲージの機関車はさすがにちっこくって、まさに裕子サイズ

出発は水谷連絡所

トロッコ客車は１両９人乗り

水谷の先に残る廃線跡

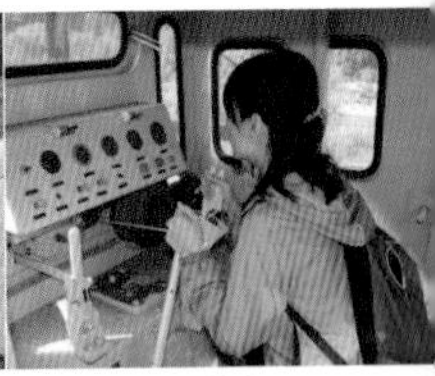

運転台もこの狭さ！

線路のこの高低差に注目。かなりの急勾配

千寿ヶ原行き列車は３両編成。機関車がバック運転で走る

下り列車とすれ違い

中小屋連絡所

鬼ヶ城連絡所

榉平連絡所

ご覧あれ！　これぞ18段連続スイッチバックの
圧巻な眺め。今来た線路は頭上に、
これからジグザグ下っていく線路は眼下に見える

前に行ったり後ろに行ったり一生分のスイッチバックを堪能

　立山砂防工事専用軌道に一般客が乗車できるのは、7月から10月の毎週水・木曜日のみ。さらに立山カルデラ砂防博物館の主催する見学ツアーへの参加が前提となるため、乗車のハードルは結構高い。それだけに、乗車できたときの喜びはひとしお。乗客は体を折り曲げながら、小ぶりな客車に乗車。車内は座っていても頭がつかえるほど狭いのだが、運転時は窓と扉（一部）を開放して運転されるため、鉄道施設や沿線風景を心ゆくまで堪能できる。

　乗り鉄の達人・木村さんも、産業軌道の息吹を感じつつ、スイッチバックの連続する山岳路線の目まぐるしく変わる山岳風景を堪能。2時間弱のトロッコ乗車という、日本でもここでしか味わえないレア体験を通じて、乗り鉄の楽しさを再確認したのだった。

（文・編集部）

千寿ヶ原に到着

女子鉄　ひとりたび

木村裕子

乗り鉄ことはじめ（まえがきにかえて）

幼少期から鉄道が大好きだった。

親兄弟に鉄道好きはいなかったし、誰かに手ほどきされたわけでもない。でも、幼いころ祖母が、近所の鉄橋へお散歩に連れて行ってくれたことが鉄道好きになったキッカケだと思う。出身の名古屋市内の鉄橋、遠くまでまっすぐ延びる線路が太陽の光でキラキラ輝き、一直線に走り去る電車を目で追う。それがとても楽しくて「てっきょう、いく！」と毎日せがんでいたらしい。これが、私の鉄ごころを育てたように思う。

プラレールが欲しいと母にねだったが、「女の子はリカちゃん人形でしょ」と、おもちゃ箱はリカちゃんグッズであふれていった。だけど、「好きなる」ということは心が示すもの。外部の力でおいそれと変えることはできない。押し入れのふすまを右へ左へ動かしながら「ガタンゴトン♪」と電車ごっこをして、いつも鉄道のことを考えていた。

そこに7歳違いの弟ができて、プラレールが我が家にやってきた。リカちゃんをプラレールにまたがらせて、弟と一緒に鉄ライフを謳歌した。

高校時代は、学校生活に煮詰まるとしばしば、愛知県を走るJR中央本線の定光寺《じょうこうじ》駅を訪れていた。庄内川《しょうないがわ》の渓谷沿い、大自然の中にある。当時、まだ秘境駅という呼称はなかったが、私にとってここは〝秘密駅〟。自然に触れながらひとり自分を見つめていた。私を癒してくれるのは、ケーキよりも、流行りのプリクラよりも鉄道なのだった。

高校を卒業したのち、地元でシステムエンジニアの道を歩んだ。鉄道とはまったく関係がないものをプログラミングしていたが、『時刻表』の数字や緻密に組まれたダイヤの折れ線が好きな私にとって、通じるものがある気がして楽しかった。

でも、その一方で、「これで本当に良いのだろうか」との思いが募ってくる。

「私の人生は一度きり。地球が始まって以来まだ誰もやっていないことをしてみたい。ぶっ飛んだ人生を送りたい！」

今となっては若気の至りだが、そんな思いが急速に膨らんでいった。

そして、幼いころの夢だった芸能界への道を本格的に目指すことを決めた。19歳のとき、思い切ってシステムエンジニアを辞めた私は大阪へ移り住み、ネットアイドルや撮影モデルとして芸能活動を開始したのだった。

ワイドビューの車内販売

下積み生活で貯金が底をつき、2年後に名古屋の実家へ戻って来たが、まだ諦めきれない。そこで、もう一度挑戦するための軍資金を作ることにした。職が見つかるまで家事手伝いをやり、スーパーへ買い物に行ったことが、人生最初のターニングポイントとなった。スーパーでたまたま手に取った求人誌に、車内販売員のアルバイト募集が出ていたからだ。翌日、電話をかけ、2日後には制服を着て、特急列車の中で採用試験を受けていた。

この会社担当の列車は、名古屋を起点に走る、ワイドビューしなの、ワイドビューひだ、ワイドビュー南紀《なんき》の〝ワイドビュー御三家〟。そのうち、「しなの」は「振り子式」の車両で乗り物酔いしやすいため、採用前に乗車テストがあるのだ。難なくクリアし、晴れて採用。車内販売員として乗務する日々は「大好きな鉄道にタダで乗れて、お金ももらえるなんて！」と夢のようだった。それに、車掌も同僚も、鉄道の話が通じてしまう。ここには、鉄道が好きという私を否定する人は誰もいない。自分の居場所を見つけたようで嬉しかった。気付けば2年の月日が流れ、軍資金が貯まった。そこで、東京の芸能事務所へ履歴書を送ろうと思ったが、特技の項目欄で頭を抱える。私に目立った特技なんて何もないからだ。

鉄道アイドル誕生！

そんなある日の乗務中、常連のお客さんとの雑談が、私の運命を大きく変えることになる。

「私、この仕事をしているのは、鉄道が大好きだからなんです～」

「へえ～、女の子で鉄道好きって、本当に珍しいね」

他愛もない世間話だけど、このときのお客さんの言葉が耳に残った。当時、女性の鉄道ファンの存在は、ほとんど聞いたことがなかった。幼少期に親がプラレールで遊ぶことを禁じたように、鉄道は基本的には男性の趣味と見なされている。

「そうか。女性の鉄道好きは他にない特技だ。見つけた！」

早速、乗務の休憩時間に車内販売員室で特技欄を埋め、ポストへ投函。

3か月後、合格通知と一緒に上京した。

この特技を武器にするため、インパクトのある肩書を考えた。当時、癒し系アイドル、妹系アイドルなどと名乗るタレントが数多くおり、そこに私を当てはめると「鉄道系アイドル」だ。余分な「系」を抜いて、わかりやすく「鉄道アイドル」はどうだろう。そこでインターネットで「鉄道アイドル」というワードで検索すると、ヒット数は0件だった。

これだ！

これなら私が望んでいた「地球が始まって以来まだ誰もやっていないこと」ができる！

この肩書を引っさげて、アイドルデビューを果たしたのである。でも、このとき所属した事務所の方たちと、意向が食い違ってしまった。

厳しすぎる現実

当時は、マニアックな知識がなければ鉄道好きを名乗るなかれ、という風潮があったことから、事務所に理解が得られなかった要因だと思う。私も鉄道が好きだけど、専門的な鉄道知識の蓄積という面では、男性の鉄道ファンには到底かなわなかった。もちろん、鉄道趣味の本流は理解していたし、その趣味に没頭する男性ファンを揶揄《やゆ》するつもりは全くなかった。いや、自分も男性だったらその方向に振れていたことだろう。でも私は女性。男性の感覚にはなれない。それでも、鉄道が大好きなのだ。

そこで事務所に、「私が男性と同じ土俵で、知識を競ってもかないません。それよりも女性ならではの視点から、鉄道の魅力を発信したいです！」と何度か伝えたものの、やはり理解されなかった。当時のマネージャーは、私に男性的な鉄道知識を身に付けさせようと、鉄道の専門書籍や雑誌を読んで日々勉強するよう促してきた。せっかく仕事のオファーが来ても、マニアックな専門知識を問われる仕事ばかり。薄い言葉しか返せないため、掲載誌を読んだ鉄道ファンから「失格」の烙印《らくいん》を押されることが続いた。当然の報いだ。

そこで、知人に相談した。このとき大ヒットしていた実録マンガ『鉄子の旅』（小学館）で主人公を務めていたトラベルライターの横見浩彦《よこみひろひこ》さんだ。私が本当にやりたいことを伝えると、「その事務所は今すぐ辞めた方がいい。でなきゃ、キミは鉄道が嫌いになってしまう。こんな逸材を潰したくない。大丈夫、キミは絶対に売れるよ。僕が全面的にバックアップする。何か不安なことがあればいつでも相談においで」と言葉をかけてくれた。頬に涙がこぼれた。上京してひとりぼっちだった私に、初めて味方ができたのだ。

そして私は事務所を辞め、フリーの身で芸能界に立ち向かった。辞めるときに言われた「女ひとりで芸能界で成功できるとでも思ってんの?」という言葉を燃料として。

自由の身になり、ブログで私目線から見た鉄道の姿を書いて発信した。とにかく、日々たくさん書いた。「特急ワイドビューしなのは、ぷくっとした顔の女の子。振り子が揺れる姿は甘えているようでかわいい」「JR京浜東北線は平日と土休日で停車駅が違うから、反抗期の男の子みたいで憎めない」「山手線の田端駅は天下の一流路線にあるのに、自己主張せず腰が低い感じで親しみを感じる」と、ありのまま感じるままの姿を書き綴った。

プライベートで鉄道イベントへ遊びに行き、購入した鉄道部品のサボ(行き先表示板)や吊り革を部屋の壁一面に貼り付け、自宅公開! とブログに写真を載せると、それを見た朝日新聞の記者が自宅へ取材に来てくださった。

すると、その紙面を見たフジテレビの『めざましテレビ』から、「今年売れそうな新人芸能人をクローズアップするコーナー」への出演依頼が来た。放送後に仕事が殺到して、一気にスケジュールが真っ黒。この日、番組内の瞬間視聴率1位だったそうだ。休みが3か月に1日しか取れないほど、仕事が舞い込む。このとき25歳、夢と幸せをやっとつかまえた。

一人では仕事の管理が難しくなり、当時、芸能界の大御所・北野武さんが所属されていた芸能事務所「オフィス北野」に入所。鉄道アイドルとしての活動はますます安定していった。

全線完乗への道

19歳のとき「お金も地位も名誉もない、芸能界にコネもない私がどこまで行けるか」を掲げた私が、いま芸能界の中にいる。ありがたいことに「この世界でかなえたい夢リスト」も全てかなった。そこで、次の目標はどうしようかなと漠然と考えていた。そのとき、なんとなく過去の乗り鉄記録を整理したくなり、大判の『時刻表』に付いていた日本の鉄道路線索引地図に乗車済み区間をペンでなぞってみた。すると全線の70パーセント以上を乗車していたことに気がついた。

「え?　もしかして私、完乗いけるかも」

日本の鉄道全線を乗車する「完乗」が乗り鉄ファンのステータスであることは知っていたが、実はずっと興味がなかった。完乗を目標にしてしまうと、行きたい場所へ気の向くまま行けず、窮屈になってしまう気がしていたからだ。そもそも自分にはとても無理だと思っていたし、なにしろ日本の鉄道は全長2万7000キロ以上ある。

でも、色が多く塗られた地図を見て、にわかに現実的なものと思われた。それと同時に、完乗する瞬間の景色を見たくなった。そのとき、私は何を思い何を感じ、どんな価値観を持つのだろう？　その未来を見に行きたい！

新しい行き先が「全線完乗」に決まった。独自のルールは4つ。まず、対象はJR、私鉄、公営交通、第三セクター鉄道などのほかに、すでにいくつか乗車しているケーブルカーも含むことにする。2つめ、それまでに乗車した路線でも、記憶が全く残っていない場合は再度乗りなおすことにする。3つめ、乗車中は何をしてもいいことにする。読書でもいい、寝てもいい、妄想してニヤニヤしてもいい。そうでなければ、ただの修行になってしまう気がしたからだ。そして一番重要な4つめ。これは途中から追加した。これから新たに乗る場所に関しては、「一路線一思い出」をつくること。それは、観光、温泉、グルメ、人との出会いなどなんでもいい。記録より記憶に残る乗り鉄にしたいと失敗から学んだからだ。

何事も念ずれば、いつかは花開く。乗車距離はじわじわと延びていき、2013年7月29

日には、ＪＲ北海道の稚内駅《わっかない》でＪＲ全線完乗を達成することができた。いまの私へと導いてくれた、師匠でもあり盟友でもある横見さんが見届け人として、自費で稚内に駆けつけてくれた。そして地元の観光協会の方や、多くのファンの方々も祝福してくれた。

ついに完乗達成！

ＪＲ以外の路線も同時に乗りつぶしていたため、その2年後の２０１５年11月29日、九州にある平成筑豊《へいせいちくほう》鉄道の赤駅《あか》で、日本の鉄道全線完乗を達成。構想から8年に及ぶ大事業はここに完結した。中間駅であるこの駅を達成の地として選んだのは、私の仕事用の衣装である車掌服が赤色であるため。トレードマークの制服を着て、この地に立ちたかったからだ。平成筑豊鉄道の社員さんと地元の方が、駅前で完乗を祝うセレモニーを準備して、待ち構えていてくれた。１００人ほどのファンの方々に囲まれ、有志が製作のゴールテープを切る。

「どんな景色が見えるのだろう」と志した過去の自分が、未来にやってきた瞬間だ。

その景色は、あの日思い描いたものとは全く異なるものだった。あのころの私は、実は人付き合いが極度に苦手だった。タレントとして活動しながらも、プライベートではできるだけひとりになりたかった。お休みの日は、人が多い東京から逃げるようにして、地方の路線へ積極的に乗り鉄に行ったのだ。当時は、人を引き寄せないオーラを発しながら、「女子鉄ひとり旅」を楽しんでいた。

それなのに、いつからか鉄道の旅は、出会いやふれあいをもたらしてくれることを知る。赤の他人の私に、いろいろな人が声をかけてくれる、そして優しくしてくれる。JR完乗を果たしたころには、人とつながることがとても大切に感じられるようになり、そして気づけば、まだ見ぬ誰かと出会いたくて、乗り鉄へ出かけるようになっていた。

それがいま、目の前の景色が証明している。完乗を目指したスタート時、私は1人だったのに、ゴールでは100人もの方が歓迎してくれている。価値観だけでなく、人間性すらも大きく変えてくれた鉄道は、私にとって「人と人をつなぐ赤い糸」だ。

仕事が充実していくのに歩調を合わせるかのように、鉄道趣味は急速な広がりをみせた。なにより、女性が「鉄道が好き」と言っても、奇異な目で見られるようなことはなくなっていった。女性の鉄道ファンを対象としたグッズや商品も続々と登場するようになり、最近では車掌さんの衣装を着た「リカちゃん」まで発売されている。私が子供のころには考えられなかったことで、まさに隔世の感だ。いい時代になったものだ。今の女の子たちがちょっぴり羨ましくもある。

アイドルから鉄旅タレントへ

完乗直後こそヒートダウンしたが、乗り鉄に対する意欲はますます盛んだ。日本の鉄道の列車や種類、車窓は実に多彩で、何度乗っても新しい発見がある。人間と同じで、尽きない魅力や個性があり、興味は尽きない。私の鉄道愛は、一般的な鉄道ファンとちょっとカタチが違う。乗り鉄をしながら、旅先でおもしろいことをするのが好きな鉄道ファンだからだ。たとえば、ケーブルカーに乗って山頂で滝行をしたり、駅のホームでBBQができる場所へ行ったりすることに幸せを感じる。そこで鉄道と旅を組み合わせ、王道観光地よりもお客さんが来なくて困っている地域のおもしろさを伝え、地元の方とお客さんをつなぐ線路のような役割になりたいという思いが強くなってきた。鉄道ファンは勧めなくても鉄道に乗る。

だから、鉄道に興味がない方をこの世界に引き込みたい。そうすれば、鉄道路線の赤字は、徐々に減っていくだろう。自身の夢は全てかなった。ここからは鉄道に恩返しをする番だ。

そこで、鉄道と旅を組み合わせ、おもしろい旅を発信する「鉄旅タレント」へ肩書と路線を変更。北野武さんの事務所独立をキッカケに、私もマセキ芸能社へ移籍。これを機にアイドルを卒業した。それより前にその準備として、国内旅行業務取扱管理者という国家資格を取得。これは旅行会社が経営できる資格なので、私には何の効力もないが、経歴に書けるので箔をつけることができた。

すると、カルチャースクールから、鉄道講座の講師の仕事も舞い込むようになった。鉄道に興味がない生徒さんを目の前にして、自分が先生を務める日が来るとは。私が運転する「木村裕子」という列車は、行き先のわからない「ミステリートレイン」のようだ。

そしてこのたび、本を執筆するチャンスをいただいた。それがいま手に取っていただいているこの本である。ちょっと、いや、だいぶヘンな女性鉄道オタク・木村裕子が、等身大でありのまま感じたことを、次に旅するあなたへつなげたい。

鉄道には夢がある。いや、夢しかない。この赤い糸が、あなたにつながりますように。

鉄道に目覚め始めたころの一枚。家族旅行で北海道に行ったとき、大好きなキハ183系特急「北斗」の前でパチリ！

JR東海の車内販売員をしていたころ。特急「ワイドビュー南紀」乗務後にピース！（紀勢本線・紀伊勝浦駅）

女子鉄ひとりたび——◎目次

口絵
乗り鉄ことはじめ（まえがきにかえて）　10
「結婚相談に乗ってもらう？」国鉄広尾線愛国駅　26
「終着駅で運命の人に出会った？」ＪＲ留萌本線増毛駅　38
●裕子のワンポイント・旅コラム①　49
「道草みたいな旅もいいものだ」ＪＲ五能線　50
「のぞいた先に見えたもの」ＪＲ奥羽本線及位駅　62
「青春18きっぷの消化小旅行に最適」ＪＲ内房線那古舟形駅　74
「人生の新境地を拓く」ＪＲ青梅線～御岳ケーブル　82
「山岳路線を味わい尽くす」ＪＲ大糸線・篠ノ井線　93
「本線から降格された哀しきローカル線」ＪＲ御殿場線御殿場駅ほか　105

「愛知はＢ級スポットの宝石箱やぁ〜」名鉄犬山線犬山遊園駅　116
「人生の悟りを開く」京阪電鉄交野線〜男山ケーブル　126
●裕子のワンポイント・旅コラム②　137
「なが〜い、なが〜いローカル線を堪能」ＪＲ山陰本線鳥取駅ほか　138
●裕子のワンポイント・旅コラム③　153
「未成線と軽便鉄道がよみがえった！」井原鉄道井原線　154
「かつては日本最西端を誇っていた」松浦鉄道西九州線　170
「最後の延伸になるのか？　南国の香り溢れる」ゆいレール　186
「赤駅でついに全線完乗達成」平成筑豊鉄道　200
●裕子のワンポイント・旅コラム④　209
「ウワサじゃなくて、ちゃんとあった」立山砂防工事専用軌道　210
あとがき　230

装丁＋本文デザイン＝HARLEM DESIGN

国鉄時代に一世を風靡した場所で結婚相談に乗ってもらう？　愛国駅（国鉄広尾《ひろお》線）

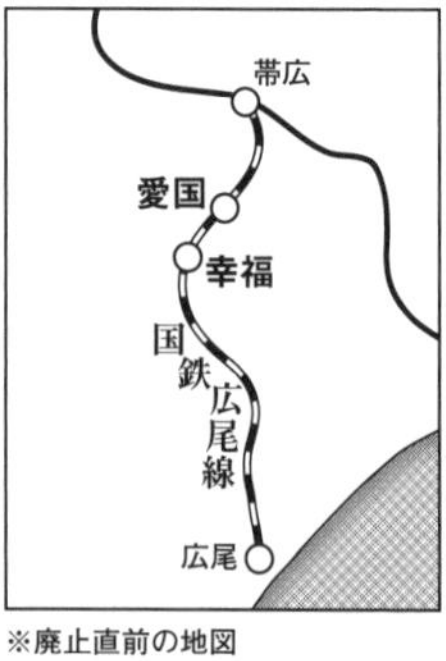

※廃止直前の地図

廃線も山の賑《にぎ》わい

廃線跡や廃駅の跡を見て喜ぶのは、鉄道ファンだけだと思う。その場所へ行って、これまで鉄道に興味がない友人らに、

「30年前、ここを列車が走っていたの！　ほら、道路が不自然に曲がってるでしょ。すごいね、当時の名残があちこちにあって楽しいよね～」と伝えても、飲み終わったあとのビールジョッキを見るような視線しか返ってきたことがない。

でも、ここは違う。北海道に今もそのまま残る廃駅、幸福《こうふく》駅と愛国《あいこく》駅は誰をも魅了する。この2つの駅は、今はなき広尾線にあった。

国鉄広尾線は、帯広《おびひろ》駅から十勝《とかち》平野を南下して太平洋に面した海沿いの街、広尾《ひろお》駅とを結んでいたが、1987年2月、国鉄分割民営化の直前に、廃線となっている。

この場所が一躍脚光を浴びた理由は、NHKの紀行番組だったという。幸福駅が取り上げられると、縁起のいい駅名として瞬く間に話題となった。さらに、同じ線内の愛国駅と掛け合わせた乗車券が「愛の国から幸福ゆき」きっぷとして紹介されると、大ブームとなり爆発的な販売枚数を記録。のべ数百万枚が売れた。

一般の人を巻き込んだ鉄道ブームは周期的に発生しているが、これほどの流行はもう起きないのではといわれている。廃線後、この2駅はそれぞれ、鉄道公園と交通記念館として残された。その勇姿を見に行こうか。

早朝、帯広駅バスターミナルで「愛の国から幸福へバスパック」という1日乗車券を購入。いまはバスのきっぷになっているのだ。路線バスに乗り、まずは幸福駅へ。

広大な甜菜《てんさい》（砂糖大根）畑に囲まれて、鮮やかな朱色のキハ22形が2両保存されていた。改築された木造駅舎の内部は、すごいことになっている。駅舎がきっぷの服を着ているようだ。訪問した観光客が来訪記念として名刺を貼り付けたことをキッカケに、貼付することが通例となった。

公式ホームページには、ご丁寧に「ご来訪の際は、画鋲をご用意されると便利です」と書いてある。いまは売店で「幸福ゆき」という、きっぷを模したピンクのポストカードを購入し、貼るのが主流。メッセージを書いて私も足跡を残そう。駅舎の外も中も、一面ピンクでメルヘンなアートみたいだ。

ここで結婚式を挙げるカップルもいる。展示されたうちの1両は「ウエディング・メモリアル・トレイン」と名づけられ、結婚式の写真や2人の名前が刻まれたプレートが掲げられている。どの写真からも幸せオーラが出ていて、ちょっぴり羨ましい。

観光バスがひっきりなしに来て観光客が増えてきた。いちご味でピンク色をした「幸せのソフトクリーム」を片手に次の駅へ向かう。足元を野生のエゾリスが駆けて行った。バイバイ、次は誰かと一緒に来るね。

北の国から哀愁でいと

車窓に空と草原しか映らない路線バスに再び乗って、オレンジ屋根がひときわ目立つ愛国駅で下車。きっぷブーム当時は、全国から観光客が訪れて賑わっていたそうだが、現在はひっそりと往年の賑わいを伝える縁《よすが》として、ぽつんと立っている。

いまは、熱心な鉄道ファンの聖地的存在になっているが、この日は鉄道ファンどころか、人は誰もおらず、さきほどの幸福駅と違って静まり返っていた。駅を独り占めできるなんてラッキーだな。

駅周辺は愛国町《あいこくちょう》という地名。愛国郵便局や愛国小学校のほか、そこかしこに愛の文字があふれている。かつての駅構内に入ってみると、〝哀愁〟という言葉がピッタリなうら寂しい雰囲気。駅のベンチに座って、現役時代に地球55周半も走ったという静態保存されたSLを眺めていると、地元の方らしき70歳くらいの男性がふらっと駅舎からホームに入ってきた。

すると、一気に駅が現役として蘇ったように見えた。いつも思うけど、そこに住む人たちはなぜこれほどまでに地元の建造物にマッチするのだろう。

鉄道写真はなるべく人が写らない方がいいのに、今はこの男性がいてくれる方が素敵な写真になる。やはりこの駅名の通り、故郷である国を愛しているからなのかな。

さっき撮った、私が写り込むちぐはぐな写真と目の前の風景を見比べていると、男性が写っているほうが圧倒的にしっくりくる。

カメラから目を上げると、目が合ったので挨拶をした。男性は、

「おはよう。旅行？　どっから来たの？」

やっぱり地元の方から見ても、私はこの駅と同化していなかったようで、すぐによそ者だと見抜かれてしまった。横山と名乗られたこの男性、車で帰宅途中に一緒にいた友人がお手洗いに行きたいと言うので、たまたまここに寄ったそうだ。

そうだ、探していた場所を聞いてみよう。

「実は、北海道で酪農体験がしてみたくって。このあたりで一日体験ができるところ

はありますか？」

　すると横山さんからは、予想外の言葉が返ってきた。

「それなら知り合いが酪農経営しているから、今から行くかい？」

　そのお誘いに即答で「お願いします！」と答える。乗り鉄先でこういう出会いがあると、なるべく断らずに付いていくことにしているからだ。

　小さいころに親や学校の先生から「知らない人には絶対に付いて行っちゃだめだよ」と散々言われて、私自身ずっとその言葉を守っていた。でも、大人になるにつれて、あれは時と場合によっては守らなくてもいい、いや守らない方が楽しい経験ができる、と考えが変わっていった。

　女のひとり旅ではこうしたお誘いをたくさんもらえる。私はそういう出会いを大事にしている。過去には犬の散歩中のおじさんと出会って、そのまま自宅へ遊びに行ったこともあるし、見知らぬおばさんの車へ出会った1分後に乗り込み、一日一緒に観光巡りをしたこともあった。

最初はそんな道中をありのままブログに書くと、必ずといっていいほどファンのみなさんからお叱りのコメントをもらっていたが、いくら注意されても聞き入れずに、何度も何度も見知らぬ人に付いていく私を見て、とうとうファンも諦めたようだ。

「木村裕子は特殊な人間だから大丈夫なんだろう」と思われるようになり、いつしか注意を受けることもなくなっていった。私が周りの言葉を受け入れずに、ホイホイ付いていく理由は簡単。会ったことのない他人の警告より、いま目の前にいるこの人と、いまこの場所にいる自分の本音を信じたいからだ。

意外な展開

横山さんと話しているとご友人がお手洗いから出てきたので、一緒に車に乗り込み、農場に向け出発。その道中、本来は私ひとりで行く予定だった愛国神社に3人で参拝し、地元の人しか知らない穴場のお蕎麦屋さんでご馳走していただいて、有名な

『花畑牧場』の近くにある、大きな酪農場に着いた。

想像していたより大きくて、とてもキレイな牛舎には牛が20頭くらい。今までに15種類のペットを飼ったほど動物好きな私は一気にワクワクが爆発していった。中学時代の夏休みに地元の動物園でボランティアとして参加した、キリンのいないキリンの檻の掃除とは迫力がまったく違う。子牛は指を出すとチュウチュウと吸ってくれて、もうずっとこのまま見つめていたいくらい、めちゃくちゃに可愛い。

乳しぼりやブラッシングなど牛のお世話をさせてもらっていると、あまりに楽しそうに作業する私を見た横山さんは、こう質問してきた。

「ところで君、結婚はしているのかい？」

「いえ、まだ独身なんです」

「え!?　30歳過ぎてまだとは……。よし、これも縁だ。俺に任せておけ！」

そう言ってどこかへ電話をかけていた。少しだけ嫌な予感がしたが、握れば握るほど噴射する乳しぼりが楽しくて、そのまま没頭した。このまま口めがけて、飛ばして飲めたらいいのに。

ひと作業終え、酪農家の方がお茶を入れてくれたので、ご自宅に上がって休憩タイムに。「鉄道ファン」という人種を初めて見たという、みなさんの質問にあれこれと答えていると、ピンポーンと玄関チャイムが鳴った。

「お客さんか。長居しすぎたかな？　そろそろ帰った方がいいかな」と考えていると、そのお客さんは私の元へ来て名刺を出し、

「結婚相談所の者ですが、ご相談者さんはあなたですか？」と、聞くではないか！

さっき横山さんが電話をしていた先は、まさかの地元の結婚相談所だったのだ。

「君はもうなんの心配もいらない。このまま帯広にいたらいいよ」と横山さんは胸を張ってパスを出してくれる。30歳過ぎても独身で、ひとりぼっちで旅する私を心配してくれたというわけだ。旅先で知らない人からの誘いに即答でついていく私ですら、相談所の人に何とリアクションしてよいかわからず、あたふたしていると、その様子を見た相談員さんが何かを察してくれた。

今日あったことの経緯と私の職業を明かすと、リビングには苦々しい空気が漂い、横山さんはバツが悪そうな顔をしていた。でも、私はすごく嬉しかった。

出会って3時間の他人の幸せを願ってくれたからこその出来事だし、愛する自分の地元に、私を招き入れてもいいという思いを感じたから。都会にはない他人との助け合いやつながりを、こうして見知らぬ場所でたくさん教えてもらってきた。だから私は、日本は愛情であふれているということを誰よりも知っているのだ。

どさんこのセナと農道を驀進

時計を見ると12時30分。さて、そろそろまた放浪の旅人に戻ろうかな。駅まで送るよ、と言っていただいたあとに続いて「このあとの予定は?」と聞かれた。本当はこの日、愛国駅から帯広に戻って、日本で一か所だけとなった「ばんえい競馬」のバックヤードツアーに参加予定だった。当初、酪農体験は翌日以降を考えていた。

しかし、横山さんとの巡り合いのチャンスをいただき、事前に分単位で一生懸命作ったスケジュールを惜しげもなく手放して、行き先を変更した。だって、ばんえい競馬はまたいつか行けるけど、横山さんとの出会いは今しかない。それを伝えると、「そのバックヤードツアーは何時？　13時か、あと20分。よし、俺に任せておけ！」

一緒に車へ乗り込んだ。

すると、今まで見たこともないスピードで車が発進。地元の方しか知らないであろう農道を驀進《ばくしん》していく。両脇の畑にはゴロッとした大きな作物が生えていたが、それが何なのか目視できない速さだ。

ばんえい競馬場の正面口に、無事、車が到着。何度も何度もお礼の言葉を告げ、13時ぴったりにバックヤードツアーの受付を済ませた。

大きな空の下をゆっくり走る、競走馬を眺めながら、思う。これまでのミラクルな出会いのなかでも、群を抜いて思い出に残るであろう、この旅。もしも本当に帯広に嫁がせてもらったら、もっとおもしろいことが起こりそうな予感がする。

そのときは、幸福駅で結婚式を挙げたいな。
立会人はもちろん、横山さんにお願いしよう。

国鉄後期のヒット作「愛国から幸福ゆき」きっぷ

本物の牧場で酪農の一日体験

集まってくれた結婚相談所の相談員の皆さん

終着駅で運命の人に出会った？
増毛《ましけ》駅（ＪＲ留萌《るもい》本線）

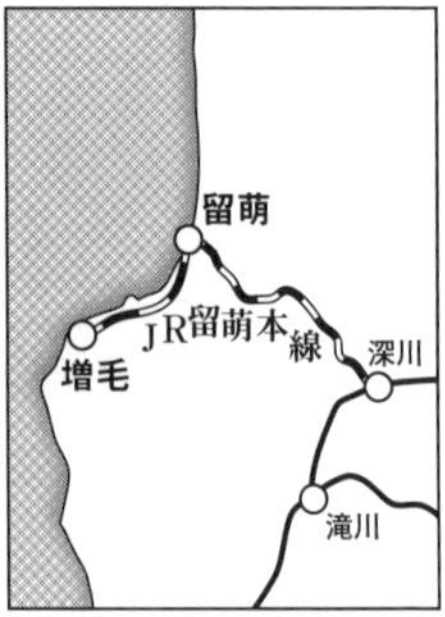

鉄子の裏技ショートカット

大好きな路線がどんどん地図から消えていく。

２０１６年12月、留萌本線の留萌～増毛間が廃止された。この区間は日本海の絶景を堪能できることから、乗り鉄ファンにも人気を集めていたが、年間1億６０００万円以上の赤字にＪＲ北海道が支えきれなくなり、惜しまれつつも廃線となってしまった。

もうここへ来ても列車は来ないが、私の胸の中では〝回想列車〟として、いまも鮮明に走り続けている。その回想列車にご乗車いただこう。

まずは札幌から早朝の列車に乗り、札沼《さっしょう》線の終点である新十津川《しんとつかわ》駅へ。当時は1日3本列車が来ていたが、現在は1本のみ。上り終列車はなんと朝10時発だ。そのため「日本一早い最終列車が出る終着駅」として注目を浴びている。この駅も、2020年5月の廃止が決定してしまった。

降り立ったのは9月上旬。秋の心地よい空気に包まれ、駅舎の周りにはたくさんのコスモスが揺れている。東京ではまだまだ残暑が続いていたが、さすがは北海道。季節を一か月以上先取りしていた。

複数のローカル線を効率よく乗るには、路線バスを味方につけるとよい。実はこの駅、滝川《たきかわ》駅とは石狩川を挟んで、数キロしか離れていない。札幌まで引き返さなくてもバスに乗れば、函館本線の滝川駅までショートカットできるうえに、留萌本線も同時にまわれる。さらに時間節約のため、滝川駅から深川《ふかがわ》駅までの1区間だけ特急「オホーツク」に乗った。これで行けば留萌本線の列車に接続でき、しかも終点である増毛駅で観光に3時間も取れる。こんなスペシャルな行路《こうろ》を作るなんて、私は天才だ！

にしんで栄えた駅

乗り鉄のコースを作るとき、西村京太郎《にしむらきょうたろう》さんの小説トリックで使われる時刻表の穴を見つけると、ＪＲに勝利した気分になってしまう。思わず自画自賛するが、そもそもこのダイヤを設定したＪＲの人がすごいのだ。冷静に考えれば、私は天才でもなんでもないことになる。

深川駅から留萌本線に乗る。ステンレスの車体でパッと見は現代的な出で立ちだけど、既に登場から30年以上が経過している。女性同士の会話あるある、「え？　30歳？　見えな〜い！　もっと若く見える〜。同じ洗車機を使ってるのに羨ましいわ」と、車両同士も女子トークを繰り広げているのかな。

深川駅を出発すると、北一已《きたいちゃん》、秩父別《ちっぷべつ》、北秩父別《きたちっぷべつ》と小さな駅を小まめに停車していく。北秩父別は板張りのホームと待合室がなんとも渋い。思わず途中下車したくなるほどだ。進行方向右手には、名峰・暑寒別岳《しょかんべつだけ》が鮮やかに浮かび上がる。沿線は田園風景で大地は黄金色に染め上げられていた。お次は、真布《まっぷ》駅。ここは、鳥取県にある智《ち》頭《ず》駅の英語バージョンだな。

恵比島《えびしま》駅は、ＮＨＫの連続テレビ小説『すずらん』のロケ地となった駅。撮影用に木造駅舎が設置されて、今もそのまま使われている。もともとは簡易駅舎だったが、撮影時に板張りの装飾が施されたので、どう見ても年代物の古い木造駅舎にしか見えない。この手法を使えば、どんな駅も渋く早変わりする。ＮＨＫさん、ぜひ全国の全てのローカル駅でロケを実施していただけないでしょうか。

留萌駅で26分の停車時間があった。時刻はお昼。ドアが開くと、車内の鉄道ファンは一斉に駅の立ち食いそば店になだれ込んでいった。誰もいなかった店が、一瞬で超満員となる。ここは、「身欠きにしん」の乗った「にしんそば」が有名だ。明治から昭和前半まで、にしん漁で栄えたことに由来する。私も参戦しようか迷ったが、この先でどうしても食べたいものがあったため、美味しそうな匂いをお腹いっぱい吸い込み、欲求を抑えた。

えりも岬を着た王子様

列車に戻ると、男性に声をかけられた。

「やぁ！　また会ったね」

振り返り、顔を見て、車内いっぱいに聞こえるほどの驚きの声を上げてしまった。60代と見受けられるこの男性は、前日に乗った日高《ひだか》本線で同じボックス席となり、談笑した一期一会の旅人同志さん。この方は、愛媛県から礼文島《れぶんとう》へ3か月の移住生活中だった。定年退職を迎え、今まで仕事を頑張った自分へのご褒美《ほうび》とのこと。せっかくなら北海道をもっと知りたいと、数日、島を離れて列車旅をしていた。

日高本線の終点の様似《さまに》駅から、襟裳《えりも》岬へ一緒にバスで向かい、男性はお土産屋で「えりも岬」と大きく書かれたTシャツを購入していた。内心、「そのTシャツはいつ着るんですか?」と聞きたかったが、事情は人それぞれ。深入りはやめておこう。「またいつか会えるといいですね。お元気で」と握手を交わし別れたのだ。それなのに、24時間後に370キロ以上離れた場所でまた巡り会うとは。以下、この男性を仮名で「礼文さん」と呼ばせていただこう。

こういう再会は、数日にわたって乗り鉄をしているとたまにある。ほとんどの場合は言葉を交わさず、お互いアイコンタクトで「昨日も会いましたね」と意思疎通をする。必要以上に関わりを持たないのが、鉄道ファン界の暗黙のルールだ。でも私は人とのふれあいが好き。礼文さんと、あえて同じボックス席に座った。

留萌を出ると日本海沿いの区間を走り、阿分《あふん》駅へ。到着前の自動アナウンスで「次は、アフン〜、アフン〜です」と、何ともセクシーな響きの案内が流れた。礼文さんも同じことを思ったのだろう。目が合って2人でクスクス笑った。

終着の増毛駅。〝ぞうもう〟と書いて、〝ましけ〟と読むなんて。ハイセンスの極みだ。以前、高知県の半家《はげ》駅へ行ったときは、ハゲのカツラを持参した。今回は、髪を両手で持ち上げて「ぞうもう」と言い、駅名標のとなりでポーズを撮る。シャッターを切って下さった礼文さんは、髪がフサフサだ。何の気兼ねもなく「ぞうもう！　ぞうもう！」と連呼した。

絶望おじさん登場

すると突然、叫び声が聞こえた。ホームで出発したばかりの列車に向かって「ああ～！」と唸り、膝から崩れ落ちる男性。この方も礼文さんと同様、60代に見受けられる。事情を聞いてみると、私たちと同じ列車で来た旅人だった。10分後に折り返す今の列車に乗り遅れ、その後に予約している飛行機に間に合わず、今日は自宅へ帰れないかもしれないと途方に暮れていた。確かに、留萌本線は数時間に1本しかない。そして次の列車は3時間後だ。

でも、似た経験を何度もした私は知っている。この男性にとって乗り遅れは、大きなチャンスかもしれない。

けれども、うなだれている方にその意味が伝わるだろうか。余計に落ち込ませてしまうかもしれない。一か八かになるが、今の私にできることはこれしかない。顔面蒼白おじさんに向けた精いっぱいのこの言葉、届きますように！

「おじさん、列車を逃してむしろラッキーですよ！　確かに、今日中に帰れないかもしれない。飛行機もキャンセル料が余分にかかるかもしれない。このあとの手配が大変かもしれない。でも、この増毛駅の周辺には、美味しい甘えび丼があって、無料試飲できる酒蔵もあって、名物のかまぼこ店はその場で揚げてくれるんですよ。増毛神社には育毛剤も売ってて、おもしろい場所がたくさんあります。すぐ帰るのはもったいない。そのあとのことは3時間後に一緒に考えませんか？　私は鉄道オタクなので、よかったら今日中に帰れないか、いろんなルートを調べますよ」

すると、おじさんの目が蘇った。

「そうか。じゃあ、巡ってみようかな」

駅に置いてあった周辺マップに、おすすめの場所を書き込んでお渡しすると、おじさんは街に向かって歩いて行った。お伝えした内容は事前に調べ尽くしたもの。自身も周る予定のルートだ。よし、私も増毛を味わい尽くしに行こう。

北海道の絶品・海の幸はプリップリ

まずは、さきほどの留萌で駅そばを我慢した理由である、増毛産の甘えびが20尾以上も乗る「甘えび丼」を目指す。濃厚でプリップリの甘えびは、親指くらいの太さがあり絶品だった。

そして酒蔵の試飲でほろ酔い気分となり、お土産も購入。増毛神社の境内では、短冊に「世界中の人たちの髪がフサフサになりますように」と書いて飾った。ここで祈《き》禱《とう》されて「祈発毛」の熨斗《のし》が付いた育毛剤は、知り合いへのお土産にしようかな。揚げたてアツアツの「たこ天かまぼこ」を片手に食べ歩き、駅へ戻ると、先ほどの男性が両手にお土産をたくさんぶら下げてホームに立っていた。

3時間前は絶望に打ちひしがれていた顔が、満面の笑みに変わっている。私を見つけた男性が小走りで近寄ってきて、そしてこんな言葉をくれた。

「ありがとう！　あんたは女神だ！」

おじさんは、この3時間の出来事をたくさん教えてくれた。「増毛には観光が何もないと思っていたから、すぐ折り返すつもりだった。もしあのまま列車に乗っていれば、人生を損していた。キミの言う通り、ラッキーしかなかったよ」と、宝物を発見した子供のような表情に私も嬉しくなった。

私はこの出来事をキッカケに、「観光客が来なくて困っている地域の魅力を伝え、地元の方とお客さんをつなぐ線路のような役割になりたい」と強く思い始める。自身が知っていること、経験したことを伝えるだけで、誰かが喜んでくれるなんて。何ものにも替えがたい幸せだ。

　翌朝5時。旭川《あさひかわ》のホテルを出て駅へ向かう。今日はどんな知らない人に出会えるかな。その前に腹ごしらえだ。早朝なので、駅前の牛丼屋に入った。

「やあ！　また会ったね！」

　こんなことがあるのだろうか。3日連続で礼文さんとバッタリ会った。

　カウンターに座る礼文さんのTシャツの胸元には、大きな文字で「えりも岬」と書かれている。3日前に聞けなかった質問の答えがそこにあった。

増毛名物「甘えび丼」

裕子のワンポイント・旅コラム①

旅先で巡り合った不思議な宿泊施設

上京してから乗り鉄趣味を本格化させた私は、ほどなく、日帰りで行ける範囲内だけでは飽き足らなくなり、宿泊をともなった“遠征”に出かけるようになった。宿泊料金は6000～7000円ほどかかっていた。

でも、乗り鉄とは一般的に、朝が早く夜も遅い趣味だ。ときには始発から終電まで乗り続けることさえある。いきおい宿泊施設は寝るためだけの場所となりがちなのだ。私も安価な宿泊施設を志向するようになっていった。

探してみると、日本には実に多彩な宿があることに気づかされた。一般には訪日外国人向けの施設と思われがちな「バックパッカーズホステル」は、実はお客さんの過半数は日本人。女性向けに最新美容器具が揃っていたり、トレインビュールームの設定があったり、マンガコーナーがあったりと、趣向を凝らした所も多い。これらが１泊3000円程度なのだから、かなりリーズナブルだ。

穴場なのがいわゆる“訳ありホテル”。この種の宿泊施設には敬遠したくなる決定的な「マイナス要因」があるのだが、宿泊費が圧倒的に安いのが魅力。最近は、この種の宿もB級スポット巡りの一環として楽しんでいる。

ＪＲ五能《ごのう》線で日本海側をぐるりと遠回り！道草みたいな旅もいいものだ

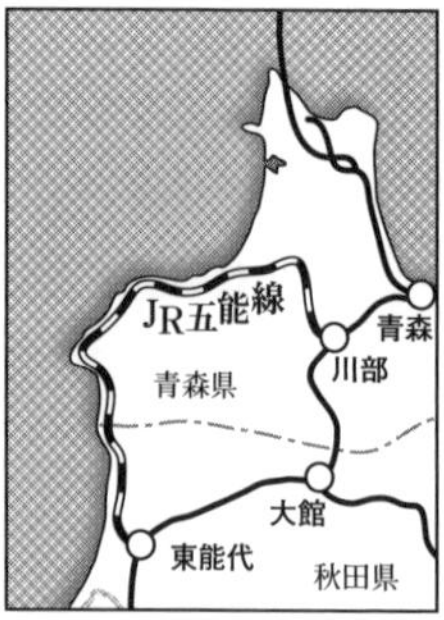

ハズさない、ハズせないローカル線

「鉄道初心者におすすめの路線は？」と聞かれたとき、即答するのはＪＲ東日本の五能線。ここは青森県の川部《かわべ》駅と、秋田県の東能代《ひがしのしろ》駅を結ぶ長大なローカル線だ。一時は廃止を危ぶまれた時期もあったが、１９９７年４月に運転を開始した観光列車「リゾートしらかみ」が大ヒット！　今では東北地方屈指の観光路線として人気を集めている。車窓風景は実に多彩で、日本海の大パノラマも心ゆくまで車内から堪能することができる。観光列車が温泉・絶景・グルメ・観光へとコンシェルジュのように誘

い、絶対にハズさない路線だからだ。

私自身も五能線はとても好きな路線で、〝キムランキング〟上位に入るハズせない路線。鉄旅タレントという仕事柄、五能線を訪れる機会には恵まれてきた。毎回新たな発見があり、楽しい出会いもあった。そして、冬のある日、「あの有名人に会いたい！」と思い立って五能線を再訪したのであった。五能線沿線は観光的な見どころも多いが、心して訪れないといつも素通りになってしまう。このときは、「観光もしっかり楽しもう」と心に期しての乗り鉄となった。

五能線の普通列車にはキハ40系という、国鉄時代に製造された古いディーゼルカーが使用されている。いつも思うが、冬のローカル線にはディーゼルカーがよく似合う。列車から雪の中で背中を丸め歩く人たちを見て、頭の中で石川さゆりさんの名曲『津軽海峡・冬景色』が3回ほどリピート再生されたころ、五所川原《ごしょがわら》駅に着いた。ここで見たかったのは立佞武多《たちねぷた》の展示施設。佞武多は夏の青森を彩る季節の風物詩だ。青森と弘前《ひろさき》で行われる「ねぶた」と「ねぷた」が有名だが、五所川原の立佞武多も

「はねと」（跳人＝佞武多の踊り手のこと）の熱気では負けていない。

五所川原の市街地中心部は立佞武多開催に備えて、電線の地中化が進められているので、見た目にもすっきりしている。地元の若者に交じって名物の「あげたいやき」をほおばると、小腹も満たされ気分はほっこりだ。全国でも有数のりんごの産地として知られる津軽地方は、店頭での販売価格も1個50円くらいと驚くほど安い。思わず買いたくなるが、旅の荷物は1グラムでも軽くしたい私にとって、ずっとりんごを抱えての旅は結構つらい。残念だけどまたの機会にするとしようか。

わさおが無愛想なわけ

次に訪れたのは、今回のハイライトである鰺《あじ》ヶ《が》沢《さわ》駅。ここに「あの有名人」がいる。それは、全国的にも有名になったブサカワ犬の「わさお」くん。（ブサカワ＝不細工ながらも可愛いさまを示す現代的な表現）。

犬・猫・鶏・うさぎ……など15種類のペットの飼育経験がある私は、無類の動物好きだ。小学生のころ、学校帰りに大量の蟬《せみ》を捕まえて帰り「見て！　可愛い子たち！」とランドセルの中を見せ、母をギャッと言わせたことがあったほどだ。

わさおくんは、きくや商店という「焼きイカ」を販売するお店にいる。駅からは少し遠いのでタクシーに乗ると、運転手さんは私が何も言わないうちに「わさおくんでしょ？」と、目的地を言い当てた。聞くと、映画にも出演したこの有名犬に会いに、この地には全国から連日、大勢のファンが訪れているという。なんだか一流芸能人の楽屋に挨拶へ行く気分になった。

きくや商店に着くと、店主が外に止まったタクシーに気付いて、わざわざお迎えに出向いてくれ驚いた。そして帰るまでたいそう歓待してくれた。突如有名になった観光地のお店は、観光客のマナーの悪さに嫌気がさして、だんだんとお客さんに対して塩対応になってしまうことも少なくない。その塩対応の洗礼を何度か受けてきた私には、このきくや商店はありえないほどのおもてなしだ。

名物の焼きイカを注文。焼き上がるまでにわさおくんに会いに行く。テレビで見ていた通りのブサカワ全開だが、ペットは個性的な顔であればあるほど可愛さを増す。というか、こんな顔の人、私の周囲にもいたような？

ところが、このわさおくんは案外に人を寄せ付けない気高さがあった。店主とそのご家族にしか心を許していないそうで、客にケガをさせるかもしれないとのこと。もこもこの頭を撫でてみたかったが、2メートル先から熱い視線と愛の言葉を送り続けた。このわさおくんのおうち（犬小屋）は、五能線に面したところにあり、「トレインビュー犬小屋」とでも名づけたくなるような、鉄道ファンが喜びそうな好立地だ。わさおくんハウスの周辺には、ネコや鳥がたくさんいて、それらを見守るようにどっしりと座り眺める姿は「わさお王国の王様」のようだった。

店内に戻ると、注文した焼きイカが仕上がっていた。店のあちこちにわさおくんの写真やグッズが並べられている。焼きイカは肉厚で実にジューシー。さらに、ご店主は青森産の甘いりんごをサービスしてくれた。五所川原で諦めたりんごが、まさかここで登場するとは！　店の軒先では、イカを乾燥させるために洗濯物のようにぶら下げて干している。海沿いの街によく似合う、なんともフォトジェニックな光景だ。

帰りのタクシーの運転手さんからは、

「時間があるなら、わさおが拾われた場所へ行ってみない？」との思いがけないご提案。こういったお誘いには可能な限り応えるのが私のポリシー。反射的に、

「ぜひお願いします！」と答えていた。

拾われたという駐車場には案内看板も立ち、ちょっとした観光名所に。わさおくんがいかに町興しに貢献しているか、そしていかに町の人に愛されているのか、改めて実感。タクシーの運転手さんは「わさおさまさま」と手を合わせていた。

同じ敷地内にあった「鰺《あじ》ヶ《が》沢《さわ》相撲館」が目に付き、入る。舞の海は「平成の牛若丸」「技のデパート」の異名をとった小兵力士で、100キロに満たない身体で200キロ近い大型力士を打ち破る姿は、多くの人に勇気を与えた。この博物館は舞の海にまつわる展示物が満載。私は特に相撲好きというわけではないものの、展示品のな

かには断髪式のときに切り落とされた本人の髷《まげ》や土俵をはじめ、興味を引くものが多数あって引き込まれていく。この博物館の設計を、鉄道車両のデザインで名高い工業デザイナーの水戸岡鋭治さんが担当していると知った瞬間、館内が列車の車内に見えて来た。水戸岡さんがもし「相撲列車」を作ったら、きっと土俵付きになるはず。

ピンチはラッキーのはじまり

再び五能線の車中の人になる。五能線の鯵ヶ沢から東八森の間は、海沿いの区間が連続。全国の鉄道路線でもこれだけ長い間、海を堪能できる路線は珍しい。

千畳敷《せんじょうじき》駅で途中下車。この駅では、隣接した岩の斜面に湧水が氷結していて、連なる巨大なツララが旅人を迎えてくれる。湧水とはいっても、その規模は大きく、遠目には巨大な滝のように見えてなんともダイナミック。全国にはさまざまなロケーションの駅があるが、ここまで神秘的で荘厳な表情を見せる駅も珍しい。

この駅はかつて、観光客誘致を目的に設置された仮乗降場だったが、ＪＲ東日本発足時に臨時駅に、そしてその半年後に正式な駅に昇格、短期間にとんとん拍子に出世したエリート駅なのだ。私もあやかりたいものだ。千畳敷は江戸時代に地震で隆起した地形で、海の中に浮かび上がった巨大なお座敷を思わせることからこの名前がついたとのこと。こちらも五能線沿線を代表する観光スポットだ。

雪がちらつく千畳敷を歩いていると、岩のり採りをしている男性から声をかけられた。だが、男性の方言は私にとって難解すぎた。いくら聞き取ろうとしても、全くわからない。日本にはさまざまな方言があるけど、北東北弁は日本でも有数の難しさだろう。鼻から抜ける発音が多いことと、共通語と異なる語彙が多いことによるという。青森では、おでこを「なづき」、かかとを「あぐど」というとか。私は笑みを浮かべながら話を聞いていたが、正直なところ99パーセントはわからないので、相槌をうつタイミングさえ測れない。唯一理解できたのは、その男性がサブちゃん＝北島三郎さんと同じ年齢だということ。

こんな経験をすると、日本は広いなと改めて実感する。乗り鉄をしていて、聞かずもがなの話が聞こえてくることがままあるが、東北や山陰の方言はやはり難しい。宇宙語のようにさえ聞こえてくる。聞き取れない申し訳なさが残り、不甲斐なさを感じたままお礼を告げ別れた。

千畳敷で下車したもうひとつの目的は、知人の鉄道作家が教えてくれた、ごはんがおいしい「民宿田中」で昼食をとることだった。ところが、まさかのお休み！　次の列車までは2時間ある。でも、千畳敷はもう十分堪能した。寒風が吹き荒れるこの一帯で、果たして何をして過ごしたものか。私は途方にくれた。

立ち去ろうとしたまさにその時、民宿の人が車で帰ってきた。やはり今日もツキがある。この店のメニューはその日の入荷状況によって異なるとのこと。何が出てくるかわからないまま予算と希望を聞かれ「１５００円で地元のもの」と答えた。席で待つ間、調理の音で答えを予想するが全くわからない。そんな私の前に、正解が次々と運ばれてきた。これがものすごいボリューム！　地域名産の岩のりやサザエも白子もタコも含まれていた充実の内容だった。東京で同じものを食べようとしたら3000円は下らないだろう。このお店の経営者姉妹は私と同じ名古屋のご出身とのことだった。言葉のわからない、本州最北の地で同郷者に会えるとは、なんとも嬉しい。こちらの姉妹、紆余曲折があってこの地に移り住んだとのことで、とても興味深い人生遍歴を聞かせてくださった。一番心に響いたのは「1分前は過去だから振り向いても仕方ない」の言葉。女は強いなと改めて思う。姉妹は翌日のお弁当も作ってくれて、お土産まで持たせてくれた。

超難解な能代弁

再び五能線の旅に戻る。深浦駅で列車の乗り継ぎがあったので、駅前を軽く散策しようと思うも、寒すぎて3秒で断念。駅の待合室で時間をつぶすことにした。ここでも、私は地元の男性に話しかけられた。でも、千畳敷と同様、なかなか話の内容がつかめない。だが、「どうしようかな、何もあげられるものがねえんだよな」というところだけは聞き取れた。この男性はあれこれ思案されたあと、結局お手持ちのあんぱんをくださった。このあたりの皆さんは、おもてなし精神にあふれているのか、なにかと旅人に物を持たせてくださろうとする。目の前にいるこの高齢の男性が、私には「リアルアンパンマン」のように見えて眩しかった。

次に訪れたのは能代。能代は能代工業高校という全国有数のバスケットの強豪校があることから、バスケの街として観光誘客を進めている。駅のホームにもバスケットゴールがあり、観光列車で行くとシュートを打たせてくれる。誤って変な場所へボールが転がると、駅員さんが走って取りに行ってくれるという、おもしろい光景にも出会える。ここではバスケット博物館を訪れた。選手が着用したユニホームやシューズなどが多数展示されているが、目を引いたのは30センチのシューズ。一般的にバスケの選手は長身で、それに比例して足裏も大きいが、30センチとなると普通のシューズの倍くらいに見える。

能代駅の待合室に戻ると、またしてもお年寄りの男性に話しかけられる。先ほどの千畳敷よりはほんの少し東京に近づいているものの、それは誤差の範囲だろう。やはり全く話はわからない。だけど、千畳敷で曖昧に相槌を打ったことに後悔の念を抱いていた私は、今度はこの男性に一つ一つ意味を聞き、内容を理解しながら話を進めることにした。その男性もとてもやさしく、ひとつひとつ意味を解説してくださった。待合室では即興の「能代弁講座」の開講と相なった。

時間はかかったものの、こんどは理解できて気分は爽快！「聞くは一時の恥、聞かぬは一生の恥」の神髄を、五能線が私にプレゼントしてくれた。

さすがバスケの街にはホームにもゴールが！

のぞいた先に見えたもの 及位《のぞき》駅（ＪＲ奥羽《おうう》本線）

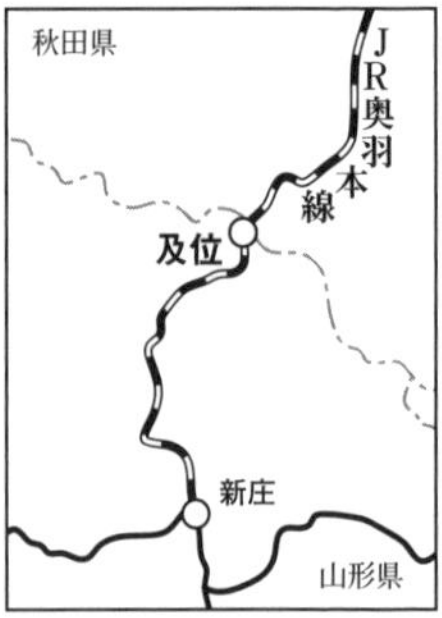

全国各地にあるおもしろ駅名

おもしろい駅名を見つけると「この駅には何があるんだろう？」とウキウキしてしまう。それはたいてい乗り鉄中に発見する。時刻表の索引地図は、ふりがながなく解読できないからだ。そのため、珍しい読み方や不思議な語感の駅名が車窓に現れると、ピコンと鉄ヲタセンサーが鳴ってしまう。

例えばこんな感じ。なんだか怒られた気分になる南蛇井《なんじゃい》駅（上信《じょうしん》電鉄）や小前田《おまえだ》駅（秩父鉄道）、なぜこの駅名になったの!?　と思ってしまう半家《はげ》駅（ＪＲ予土《よど》線）、読み方を知って同じセリフを発した馬路《まじ》駅（ＪＲ山陰本線）など、全国にはおもしろい駅名が玉手箱のように隠れている。

私のイチオシはお寿司シリーズ。タコ（田子駅・ＪＲ紀勢本線）、エビ（江尾駅・ＪＲ伯備《はくび》線）、カニ（可児駅・ＪＲ太多《おおた》線）、イクラ（井倉駅・ＪＲ伯備線）、トロ（土呂駅・ＪＲ東北本線）など、美味しそうな駅が点在しているのだ。実際に土呂駅へ行ったときは、駅近くにあるお寿司屋さんに入ってトロを注文した。いつも、こんなふうに駅名と遊んでいる。

さて今回はＪＲ奥羽本線にある及位《のぞき》駅を訪れた時のこと。身長ほど積もる雪に囲まれ、このまま死ぬかもしれないと思った話だ。

この駅は山形と秋田の県境に近い場所にある。人里離れた山の中にあり、一日の乗降客数も20名程度と少ない。鉄道ファンが喜ぶ、秘境駅的なロケーションだ。駅名の由来は、かつてこの地で、崖から宙釣りになりながら岩と岩の間の穴を覗くという修行をしていた人がいたことにちなむ。後年その修行僧が高い「位」に「及」んだことから「及位」との漢字があてられた。

以前、ここを通過したときに、その存在を知って衝撃を受けた。私は窓に張り付いて、駅名を凝視したまま列車に運ばれていった。しばらく胸の高鳴りが止まらなかった。反社会性を帯びつつも、どこか甘美な誘惑を彷彿とさせる響きのこの駅名に、すっかり魅せられたのだ。

「駅名標と一緒にツーショット写真が撮りたい！」

この想いをかなえるため、ある冬の日に向かった。

妄想は現実となることを全世界に伝えたい

東京から及位駅を訪れる一番の近道は、山形新幹線「つばさ」で新庄《しんじょう》駅を目指し、そこから奥羽本線の普通列車に乗り継ぐルートである。

つばさには、かつて私が大好きだった車両４００系が充当されていて、当時は彼に乗るだけのために山形や新庄を何度も訪れていた。あのとき、私は400系新幹線に恋をしていたのだ。

400系に一目ぼれしたのは上京直後のこと。新幹線といえば「白い車体に青い線が入った電車」だった私にとって、東京駅で初めて出会ったシルバーメタリックの車体は、あまりに衝撃的でイケメンに映った。性格も、知れば知るほど素敵だ。

例えば、他の新幹線よりもひとまわり小さいため、乗降口とホームの間に隙間ができてしまう。そこで停車時に収納式のステップを出し入れして乗客をそっと支えるのだが、この姿は気配り上手な優しさにしか見えない。軽量化でアルミ車体が多い新幹線のなかで、鋼製を採用したボディーに男らしさと強さを感じる。

「決めた。私、〝つばさくん〟の彼女になる!」

妄想の中で彼氏となった400系・つばさくんは、私の鉄道趣味に彩りを与えてくれた。車両のディテールの一つ一つさえ愛おしく感じられるようになり、彼への愛は最高潮に。お金を払わないと会ってくれない彼に少々疑問を抱きつつ、デートと称して乗車をするようになっていった。極めつけは、つばさくんの誕生日。山形新幹線の開業日である7月1日に、東京駅のホームへホールケーキ持参で駆けつけ、二人?でお祝いをしたこともある。文字で説明するとちょっとしたホラーだが、何年もテレビを通して言い続けた結果、400系引退時に日経新聞から「いまの心境は?」と取材依頼をいただいてしまった。妄想は現実となる。それを確信した出来事だ。

銀世界の中心で「のぞき!」と叫ぶ

新幹線や駅を相手に、恋多き私は、新庄駅までやってきた。この駅を境にレール幅が変わるため、ホームが南北に分かれている。また、陸羽東線《りくうとう》と陸羽西線《りくうさい》の2本も乗り入れており、街の規模に対して駅構内はとても大きい。山形新幹線が延伸された際に改築された駅舎をしばし眺めたあと、奥羽本線の湯沢《ゆざわ》行きに乗車した。ピンクのラインが可愛いステンレス車体の電車だが、前面に雪がたくさんくっついて、白ひげのサンタクロースみたい。

冬場の東北地方では、車内保温のため停車中もドアを締め切るのが基本。そのため、乗客は自分で開閉ボタンを操作して乗り込む必要がある。ドアを開けっ放しにすると車内はみるみる冷え込むため、どの乗客も素早く乗り込み素早くドアを閉める、という暗黙のルールがある。郷に入っては郷に従え。私もその法則に従って、急いでボタンを押した。

新庄の市街地を抜けると、すぐに列車は山の中へ。車窓には雪がちらつくようになり、雪国に来たことを改めて実感する。線路の周辺は白一色だが、雪は光を反射するため、空はどんより曇っていてもそれなりに明るく感じる。銀世界の中では紫外線が強いので、到着前に日焼け止めクリームを塗りたくった。そしてツイッターにこう投稿した。

「及位駅。今から3時間後までに次の投稿がない場合、事務所へ連絡してください」

これはファンと私の暗号である。意味は「今から及位駅に降ります。おそらく携帯電話は圏外だから、もしものことがあれば事務所へ連絡して詳細を伝えてください」ということだ。マネージャーは鉄道知識が全くない。ゆえに、そのときの正しい対処法がわからない。鉄道に詳しいファンのほうが、的確な指示を出してくれる。これまでも何度か同じ内容を投稿し理解をしてくれているため、「了解。楽しんできてね」と瞬時にたくさんの返信が来た。準備は万端。いざ、魅惑の駅へ！

及位駅に到着すると、下車したのは私だけ。ホームには新雪が降り積もり、踏みしめるとざくざくと心地よい音がする。名古屋出身の私は、この歳になっても雪を見るとわくわくしてしまう。タレントの仕事は全国へ出向くことが多く、雪を見る機会は飛躍的に増加したものの、何度見ても童心に帰らせてくれるから大好きだ。

まず、及位駅の駅名標に向かって「あなたに会いたかったの！　やっと会えた！」と、テレパシーで募る想いを伝えた。そして、念願のツーショット写真を思う存分に撮るのが目的だ。でも駅名標は、ホームを覆った雪に埋もれて、よく見えない。こうなると自分で除雪するしかない。そこで体を使って〝人間ショベルカー〟となり、周辺の雪を取り除くことにした。着ていた防寒着は防水加工されているものの、すぐに雪の冷たさが体に伝わり、芯から冷え切ってくる。誰に頼まれたわけでもないのに、山の中で一心不乱に雪をかき分けた。

「女30代。こんなことをしていていいのかな」との思いが、一瞬、頭をよぎった。

「いや、いいんだ。自分なりのこだわりを持ちながら、テーマを決めた鉄道旅行をしている。鉄道とはそもそも人生を豊かにしてくれる、奥深くて楽しい趣味。これで満足できるなら、こんな幸せなことはない！」

私は人間ショベルカーを続けた。

雪の妖精が舞い降りた

さっきまで花びらのように舞っていた雪が、どんどん勢いを増して横殴りになってきた。タオルをバッグから出して、頭に巻く。だんだん「雪が好き」とは言えない気分になってくる。体が痛くなってくる。雪かきは重労働だ。

するると、架線の氷柱を除去するために、保線区の男性がホームに現れた。保線の方なら、間違いなくスコップを携行しているはず。貸してほしい。でもそれは厚かましいかな。何よりスコップも保線員の仕事道具ではないか。趣味で訪れているにすぎない私が貸してくれというのは、節度ある鉄道ファンの態度とは言えないのではないか……。

しばらく迷っていると、保線員の一人から「なにしてるの？」と声がかかる。ここに来た理由、ここでやりたいことを、恥ずかしげもなく伝えた。すると声を上げて笑いながら「スコップあるけど、使う？」と。なんたる幸運！　この男性が、突如現れた〝雪の妖精〟に見えた。

大きなスコップという武器を手に入れた。だが、新雪なので軽く持ち上げられるだろうと思っていたものの、これがなかなかの重量。特に下の方に積もっている雪はザラメ状になっていてすこぶる重い。数回雪かきをしただけで、すぐに腰が痛くなってきた。おぼつかない作業に、見かねた妖精さんが手伝ってくださった。さすが雪国のプロだ。みるみるうちに雪が減っていく。

すぐに「のぞき」の文字があらわになり、いよいよ撮影。「のぞきのポーズ」は人それぞれだと思うが、私はかねて考えていた双眼鏡を覗き込むようなポーズをとった。片手を伸ばして自撮りをし確認すると、駅名標とのツーショットはなかなかのお似合いだ。ツイッターに載せる写真はこれで決まり。さらに、駅名標を前におどける姿、物思いにふける姿も撮影。長年の夢がかなった達成感をかみしめた。

しばらくホームで余韻に浸る。新庄へ戻る列車が到着するまで、30分ある。冬場の30分は長い。携帯を見ると、ここは圏外。予想はしていたものの、心細くなってきた。もちろん雪の中の駅を見るのは楽しい。情緒もあるし、感傷にひたることもできるが、そんな悠長なことも言っていられなくなった。ここは本当に寒いのだ。じっとしているだけで、体がジンジン冷えてくる。

雪の妖精さんもいなくなり、ホームには私ひとり。もっさり積もった雪に囲まれポツンと佇む。本当に列車は来るのだろうか？　いや来るに違いない。でも、もしも……。急に不安が押し寄せてきた。携帯が圏外の今、それを知る術がないからだ。しんしんと降り積もる雪の中、あたりはひっそり閑としている。

そして到着時刻になった。目の前に列車は、いない。

線路の先を見据えても気配すらない。ポジティブ・シンキングの私でも、この時ばかりはさまざまな不安が頭を去来した。待合室を出たり入ったりしてオロオロするもどうすることもできない。考えるんだ。何か方法があるはずだ。

「そうだ、鉄道電話を使って状況を確認してみよう」

ホームに立つ小さな百葉箱のような扉を開けてみたが、保安用のこれはどう使うのか全くわからない。適当にいじって壊したら一大事だ。それ以前に部外者が使ったら怒られるのではないか？　あれこれ考えた結果、鉄道電話は使えないという結論に至った。もちろん3時間もすれば、異変に気付いたファンが救出に動いてくれるはず。

でもそれは大ごとになるし極力避けたい。このままだと明日の新聞に「鉄道アイドル、及位駅を覗きにきて凍死」と出てしまう。

そのとき背後から「シュー」という音がした。振り向くと、いつの間にか列車が止まっていた。雪は音を吸収するので、列車の接近に全く気がつかなかったらしい。

突然の出現に、私は相当驚いた顔をしていたのだろう。目が合った運転士さんが笑っていた。

列車の遅延は20分。この程度ならローカル線に乗っていればよくあること。でも、このときは「人生で一番長く」感じた20分に思う。もう人生終わったとさえ思った。この出来事を契機に、乗り鉄へ行くときは必ず、非常食を持参することにした。

暖かい車内で、かじかんだ手を温める。急いで携帯を取り出し、ツイッターへアクセス。

「及位駅で覗き！　無事生還なう」

青春18きっぷの消化小旅行に最適
那《な》古《こ》舟《ふな》形《かた》駅（ＪＲ内房《うちぼう》線）

退屈のしのぎ方

本格的に乗り鉄を始めて約15年。これまでたくさんのお得きっぷを活用してきた。鉄道会社は需要喚起を目的に、さまざまな企画乗車券を販売していて、内容もバラエティーに富んでいる。例えば、秋《あき》田《た》内陸《ないりく》縦貫《じゅうかん》鉄道の「湯けむりクーポン」は、沿線の温泉施設でハンコをもらうと帰りの運賃が無料になるし、伊予鉄道の「1Ｄａｙチケット」は、沿線の高島屋（デパート）で提示すると屋上の大観覧車にも乗れる。

全線完乗のときに一番使い倒したのは「青春18きっぷ」（以下「18きっぷ」）だ。この乗車券は、春・夏・冬の年3回発売されるが、JR全線の普通列車や快速列車が1日乗り放題となり、1枚につき5日分（5回分）使用できる。販売価格は12050円（2019年冬の価格）なので、1日あたり2410円で北海道から九州までのJR全線が乗り降り自由となるのだ。新幹線や特急には乗車できないなど制約もあるが、うまく使えばこれほど強い味方はない。

私はこのきっぷを、JR各社によるファンサービスだと思っていて、これ1枚でどこでも行けることから〝魔法のきっぷ〟と呼んでいる。5日（回）分もあるので、うまく使いきれるよう計画を立てる必要がある。ときには最後の1回分を使いきれずに無駄にしてしまうこともあり、そんなときはなんとも言えない喪失感と物悲しさに襲われる。ラスト1回分を往復300円ほどで終わることもあった。もちろんトータルでは余裕で得しているはずなのに、自分でも不思議なメンタリティだ。

18きっぷは1日乗り放題なので、始発からフル活用すると、1日で東京から九州まで行けてしまう。その場合、朝から晩までひたすら乗り続ける修行のような旅になるので、いくら鉄道が好きでも、車内で飽きてしまうことはある。私はそんなとき、長年の旅暮らしで編み出した「いくつかの退屈しのぎ」で遊んでいるのでご紹介したい。まずは趣味でもある、妄想。車内を見渡して、乗客の顔を見ながら、想像を巡らせる。例えば、高校生カップルがいたとする。そんなときは「あの2人は付き合って一ヶ月。彼女にはほかに好きな先輩がいて、告白したが実らなかった。その失恋の傷を癒したのが幼なじみの彼だ。実はこの彼、10年も想いを伝えられずにいた。彼氏！　おめでとう！」と勝手にエールを送る。ドラマの脚本家に成りきるのである。

さらに、私と同様に車内をジッと観察している男性がいたとする。そんなときは「あの男性は火星人だ。銀河鉄道999《スリーナイン》に乗って地球へやってきた。目的は地球人の生態観察！」と妄想ワールドがどんどん広がって、1時間なんてあっという間に過ぎる。我ながら想像力豊かだなと感心してしまう。

車掌さんも、木村妄想ワールドの格好のターゲット。特に、好みのタイプの車掌さんが現れたとき、私の妄想アドレナリンは全開になる。

「この列車を降りるとき、呼び止められて私は告白される。お互い一目惚れだったのだ。でも彼は鉄ヲタが嫌いだと知る。どうしよう。言うべきか、隠し通すべきか。すると突然、未来を知る妖精が現れた！　トルルゥン〜♪『大丈夫よ。素直に伝えれば、あなたたちの愛はもっと深まるわ』。その予告通り私たちはハッピーエンドとなった」と妄想ウェーブが止まらなくなり、頭の中はお花畑で占領される。

駅名を使ったダジャレ文を作るのも楽しい。車内から見えた駅名標を元に、短文を瞬時に作る。「姉《あね》ケ崎《がさき》駅、お菓子は弟よりも姉が先」「金《かね》ケ崎《がさき》駅、スーパーでは袋詰めより金が先」「千駄《せんだ》ケ谷《がや》駅、もっと早くセンダガヤ」「磯子《いそご》駅へ急ご！」などなど。他愛ない言葉遊びだが、始めてみるとなかなか楽しいものである。

親切が身に染みる

さて、ある年の春の18きっぷシーズン最終日。最後の1回分消化旅として、都内から日帰りで行けるJR内房線の那古舟形駅《なこふなかた》へ向かった。私は鉄道と同じくらい神社仏閣ファンでもある。かねて気になっていた、レアなロケーションにある「崖観音」と呼ばれる船形山大福寺《ふなかたさんだいふくじ》へ訪れるためだ。このお寺のお堂は山の中腹の断崖絶壁に建てられており、崖には十一面観世音菩薩《じゅういちめんかんぜおんぼさつ》が彫刻されている。訪れた人は一様に「よくぞ、こんな場所にお寺をつくったものだ」と嘆息《たんそく》するという。

朝7時。18きっぷを持って自宅を出発。目的地までの3時間は、お得意の妄想と駅名ダジャレで過ごす。那古舟形駅は小さなローカル駅で、ホームに降り立つと潮の香りがした。東京から近いのに、ずいぶん遠くに来たような気分になる。15分ほど歩くと大福寺に到着。そのすぐ手前に可愛らしい雑貨屋さんを見つけた。このお店では、廃棄された船の材木を加工して、オシャレな雑貨として棚に並べていた。

おみやげに1つ選び、レジでリュックを開けてパニックに陥る。なんと、財布を忘れて来てしまった。乗り鉄歴15年、こんなことは初めてだ。私は「リアル・サザエさん」か！　財布がないことを説明し、謝罪して商品を戻す。しゅんと肩を落としてお店を出ようとすると、店主から「今から海へ行くけど一緒に行くかい？　そこで貝殻のお土産を拾おう」という、ありがたすぎるご提案をいただいた。しかも車で連れてってくださるという。現金のないこの日の私には、この上ない話だ。一も二もなく承知したのだった。

砂浜の海岸では、店主の知り合いの漁師さんたちが迎えてくれた。事情を聞いた漁師さんらは「アクセサリー加工用の貝殻をあげるよ」「じゃあ俺はウニの殻をやろう」「採ったばかりのワカメ食って元気だせ」と、次々にプレゼントを差し出してくれる。リュックの中が、お土産でいっぱいになった。物々交換の始まりとなるワラすら持っていない私が、「わらしべ長者」よりも恵まれているという展開で申し訳なさに支配されるが、それを上回るほどの優しさが身に染みていく。この漁師さんたちは漁に出た日は海岸でバーベキューをやっているとのことで、「つぎ来た時も俺たちに声をかけてね。次回は海鮮バーベキューだ」と、なんとも嬉しいことを言ってくださった。人のありがたみを改めて再認識して、何度もお礼を伝えて後にした。

車で崖観音の入口まで送っていただいて、参拝へ向かう。お堂からは相模湾と大島が一望できて、さっき行った海岸も見下ろせた。海がいつもにも増してキラキラと輝いているように見える。1円玉すら持っていないため、無銭参拝となってしまったが、この町を見守る仏様に改めて感謝とお礼を伝えた。

空腹に耐えかねて

所持金は0円だけど、ポケットに入っていたSuicaには1万円ほどのチャージ金額がある。駅に戻って窓口で払い戻しを試みたが、返金額が高額のため、現金のストックがなくなるからと断られてしまった。本当は漁協直営の「ふれあい市場」で、トロ・ウニ・イクラなどのお刺身が20点も載った「プレミアム海鮮丼」を食べる予定だったけど、仕方がない。近くのスーパーにも行ったが、ＩＣカード払いは対応していなかった。18きっぷはあるので家には帰れるのだが、買いものができないのは辛い。

次の列車まで1時間ほど、駅舎のベンチで待つことにしたが、朝から何も食べていないためお腹が空いてきた。時刻は15時。そりゃあ、お腹も鳴りっぱなしのはずだ。そうだ！　漁師さんにもらったワカメがあったじゃないか！

大きなワカメを手摑みで食べてみた。これが噛めば噛むほどに旨味と甘みが出てきて、予想以上に美味しい。止まらなくなって一心不乱に貪《むさぼ》っていると、その様子を通りがかった高校生たちに見られてしまい、怪訝《けげん》な顔をされながら逃げられてしまった。端から見ると、きっと妖怪のように見えたのだろう。さながら「妖怪ワカメ女」だろうか。もしあなたが風変わりな旅人を見かけても、それぞれやむにやまれぬ事情があることをお察しいただきたい。

この出来事で、無一文でも旅が成立してしまうという経験を得てしまった。もう同じ失態は繰り返したくないが、日本はすごい国である。

那古船形駅、〝なぁ。こーふーな、ガタガタの旅〟。

駅名ダジャレ文解説。「あのね。こういう風にめちゃくちゃな旅がありました」

人生の新境地を拓《ひら》く
JR青梅《おうめ》線〜御岳《みたけ》ケーブル

私のケーブルカー愛は理解されない？

旅行シーズンになると、テレビや雑誌でも鉄道の旅特集が増えて、私のお仕事の取材でも「この季節、木村さんのおすすめ路線は？」との質問が多くなるが、私にとってこの問いは難題である。これは置き換えると、「ジャニーズのアイドルグループ・嵐の中で一番イケメンなのは？」に対して「全員」と答えるのが正解と同じで、数ある日本の鉄道路線すべてに個性があり、甲乙を付けることができない。

そのため取材依頼が複数になった場合、一方では「木村裕子おすすめ、夏の絶景路線ナンバーワンは土佐くろしお鉄道！」と答えているのに、他媒体では「絶対に外せない夏の絶景路線はＪＲ予讃《よさん》線！」と言ってしまうことはご容赦いただきたい。でも、この種の質問に、納得いかないときもある。

季節を問わず、私が特に好きなのは、全国に24カ所ある各地のケーブルカー路線だ。そのため、ついケーブルカーを贔屓《ひいき》してしまう自分がいる。

数十トンを超えるだろう車体と乗客を、たった1本のロープで支えるという不思議さ、車体は斜めで座席は階段状に設置された車内の意外性、各社が趣向を凝らしてデザインした外装の個性の豊かさ、苦労しなくても登山ができる実用性の高さなど、私的にツボにはまる要素が多い。

なにより、目まぐるしく変化する車窓は、さながら動く展望台。少女マンガの主人公が恋する、頭脳明晰で落ち度が全くない完璧男子のように、全てにおいてパーフェクトだと感じている。にもかかわらず、私のケーブルカー愛はなかなか理解されない。冒頭に記した「好きな路線は？」との質問に対して、ケーブルカーを入れると、何故だかいい顔をされない。せっかくお薦め路線ランキングにリストアップしても、オミットされてしまったことが多々あった。どうも、一般社会では「遊戯施設の延長」のように捉えられてしまうようだ。

けれども、彼らも他の鉄道と同様にレールの上を走り、法律でも鉄道の仲間に分類される。つまり〝れっきとした〟鉄道なのだ。全線完乗を目指すとき、ケーブルカーの扱いや解釈は人によってまちまちだけど、私は迷わず対象とした。

死ぬまでにやってみたいこと

そんなケーブルカーは、未知の世界へ連れてってくれる乗り物だと思っている。なかでも、御岳《みたけ》登山《とざん》鉄道（以下通称の御岳《みたけ》ケーブル／東京都青梅《おうめ》市）は特にすごかった。私を「滝行」の世界へ誘ってくれたからだ。

実は、小学生のころから滝行に興味を持っていた。当時放映していたバラエティ番組では、罰ゲームとして滝行するのがお約束だった。それを見て、「楽しそう。私もやってみたい！」と羨ましく思っていた。私のメンタリティは一般的なそれとは少々異なるらしい。

芸能界に入り、ずっとそのときを待っていたのだが、誰も滝行という罰を与えてくれない。そりゃそうだ。鉄道タレントに体を張るお仕事は来るわけがない。自分から手を伸ばさない限り、こんなレア体験が舞い込んでくることはありえない。

余談だけど、私は数年前まで、当時・北野武さんが所属されていたオフィス北野でお世話になっていた。どういうわけか、あのときテレビの中で滝に打たれていた、たけし軍団さんの後輩となったのだ。そこでグレート義太夫さんにお伺いしてみると「あんなもの、プライベートでやるもんじゃないよ～（笑）」と教えてくれた。だけどそれを聞いて、ますます興味が湧いた。

ある年の夏、乗りつぶしのために御岳ケーブルを訪れることに。山頂には何があるのかなと調べていると、滝行がセットになった宿坊《しゅくぼう》があると知った。

「死ぬまでにやってみたいリスト」に入っている滝行ができるチャンスだ！　怖気《おじけ》づくことなく、すぐに予約を入れた。

御岳ケーブルの起点はＪＲ青梅線《おうめ》・御岳駅《みたけ》からバスで10分の滝本駅《たきもと》。「青春18きっぷ」で乗り歩きをしながら向かおう。新宿から中央線に乗り、立川で乗り換えて青梅線へ入る。すると青梅駅を境に、風景が一変した。ここより東は都市近郊風景が続いていたのに、突然東京都内とは思えない深山幽谷が広がって、山と川の近くを走っていく。列車本数も青梅より西は少なくなり、時には45分以上間隔が空くこともある。そのため、上下線を組み合わせて、行ったり戻ったりするジグザク行程で効率よく回ることにした。

青梅線はユニークな名称の駅が多く、駅名標を見るのも楽しい。河辺《かべ》・福生《ふっさ》は都市近郊区間の駅でそれなりに知名度も高いけど、小作《おざく》・日向和田《ひなたわだ》・軍畑《いくさばた》・鳩ノ巣《はとのす》となると読める人も少ないのでは。都市の間近にあるため、景勝区間でも座席はボックスシートではなく、通勤車両によく見られるロングシートだ。身体を捻って、背中側の窓の風景を眺める。

人生色々参加理由も色々

まず白丸《しろまる》駅で降りて、歩いて20分の「白丸ダム魚道《ぎょどう》」へ行く。ここはダム建設によって川を往来できなくなった魚のために設けられた「魚専用の水路」で、入口から水路までは螺旋《らせん》状《じょう》の階段を降りる必要がある。この螺旋階段は大きく弧を描くようにねじれていて、上から見下ろすと芸術作品のようで美しい。下まで降りると、ザーッと流れる水の音しか聞こえないトンネルにたどり着く。水路は幅1メートル未満で、アユやヤマメが見える。魚が泳ぎ疲れたときの休憩スペースもあって、なんとも魚ファーストの見ごたえある施設だった。

次に二俣尾《ふたまたお》駅で下車。この駅は委託駅で窓口が営業するのは13〜15時（夏は16時）と短い。駅員さんはＪＲの社員ではなく、出札業務のみを請け負っている。ここに来た理由は、この駅の〝幻のスタンプ〟を押すためだ。窓口が開いているときにしか押すことができないため、鉄道ファンの間でこう呼ばれるようになった。

ちょうど窓口のシャッターが開いて、首尾よくゲットできた。今日は幸先がいい。さあ、満を持して、御岳ケーブルへ。

御岳山は江戸時代から「おいぬ様」信仰の地であることから、ペットのワンちゃんと入山ができる。そのため御岳ケーブルにも130円の犬用乗車券があって、ご主人さまと一緒に改札前にワンちゃんも並んでいた。この年の夏は、猛暑を超えて酷暑と呼ばれていたのに、御岳山駅周辺は天然クーラーで快適。いつものケーブルカー乗り鉄では、目下に広がる景色を眺めてすぐ下山となるのに、今日はここで1泊できる。気持ちに余裕があるからか、景色もゆったりとして見えた。予約した滝行付き宿坊「駒鳥山荘《こまどりさんそう》」に入る。男女別の大部屋に通されて、旅装を解いた。

この日の参加者9名のうち、6人が女性のひとり参加で驚いた。私以外にも「楽しそうだから滝行をやってみたい」と思う女性が、世の中にこんなにもいたなんてと嬉しくなり話しかけると、「離婚してずっと引きこもっていたけど、ここから前に進みたくて来た」「過去をリセットするため、身を清めに参加した」と、深刻な参加理由が返ってきた。

「人生で1回やってみたかった」というお気楽な理由で来た私は、ただただ圧倒される。夕食の精進料理は質素なものをイメージしていたのに、焼き魚・出し巻卵・煮物など14品が並び、とても美味しく豪華。お酒を注文することもできるとは。明日のために全員で祈禱をして、早めに就寝する。

ここにも鉄道マニアが

翌朝は5時に起床、神主さんを先頭に山道を30分歩いて、滝を目指す。私語は禁止だ。滝の近くにある参加者専用のテントで、着替えをする。女性は下着を全て外して、薄い浴衣のような白装束、男性はふんどし一丁で、恥ずかしそうだ。拝礼・歌・

雄叫びの儀を終えるといよいよ滝行がスタートした。

男性は躊躇《ちゅうちょ》する人が多かったのに、女性は震えつつもみな思い切りよく、滝に飛び込んでいく。私の順番が回ってきた。他の女性たちと同様、勢いよく滝に入った。

……のだが、どうも私は滝行をなめていたようだ。罰ゲームで芸人さんがやっているくらいだし、騒いでいるのはリアクション芸の一種で、本当はそこまではないのだろうと思っていた。

実際は全然違う。水は凍えるように冷たく、一瞬で北極に来たかのようで、夏なのに、滝付近では吐く息が白い。強烈な水圧が全身にかかり、必死に踏ん張り続けないと立っていられない。さらに全身を殴られているような痛みを伴う。とにかく苦しいのだ。

時間にすると1分にも満たないのに、その時間は相当に長く感じた。心の中で「テレビカメラも回ってないのに、なんで参加してしまったんだろう。義太夫さんの言うとおりだった……！」と後悔してしまった。

だけどやり終えたとき、これまでに感じたことのない爽快な気分になった。「今ならどんな苦難も乗り越えられる！」という自信が降臨した感覚だ。神主さんによると「男性は失神する人もいるけど、女性は大きな声を出すし度胸も肝も据わっていて、その芯の強さにはいつも驚かされるよ」とのこと。その言葉は本当だった。女性参加者を見渡すと、滝行直前まで不安でいっぱいの顔だったのに、いまは目に力が宿って、まっすぐ未来を見るかのような視線になっている。私も同じだ。新しい自分に生まれ変わった気がした。

宿坊へ戻り、神主さんと談笑していると、「私も元・鉄っちゃんでSLの部品を持ってるよ」との思いがけない告白。そして、奥からC56形（SL）の圧力計と連結フックを持ってきて見せてくれた。たまたま選んだ宿坊に、鉄道好きの神主さんがいたとは。類は友を呼ぶって、こういうことなのだろうか。

御岳山を下車して、青梅線の終着駅・奥多摩《おくたま》に向かった。

ここでのお目当ては東京で唯一残る奥多摩工業《おくたまこうぎょう》の鉱山用トロッコだ。駅から歩いて工場の方へ。山道を囲むようにむき出しのパイプが建っていて、ＳＦの世界へ来てしまったかのよう。ガシャンガシャンと大きな音を立てて動く機械は、工場萌えでなくても思わずトキめいてしてしまう。

森へと続く公道を進むと、今度は蟬の鳴き声だけが響き、クモや昆虫が飛んできた。無類の虫嫌いなので、いつもならこの時点で断念するのに、滝行のエネルギーで全能感がみなぎっていることもあり、怖いものなしで進むことができた。

ほどなくすると、ガタンゴトンと鉄道好きには魅惑的な音が聞こえてきた。木々の間から、無人トロッコが見える。綺麗に整列しているように間隔を空けて、ゴロッとした鉱物を積んだものと、空っぽのトロッコが橋を渡っている。人影もない山中で、規則正しくひっそりと運行されている様は、見ていて飽きなかった。

この青梅線には「東京アドベンチャーライン」という愛称が付いている。その名に違わず、さまざまな冒険が詰まっている路線だ。

次回「夏のおすすめの路線は？」と取材を受けたら、ここを一番にしよう。

山岳路線を味わい尽くすリゾート列車で JR大糸《おおいと》線と篠ノ井《しののい》線へ

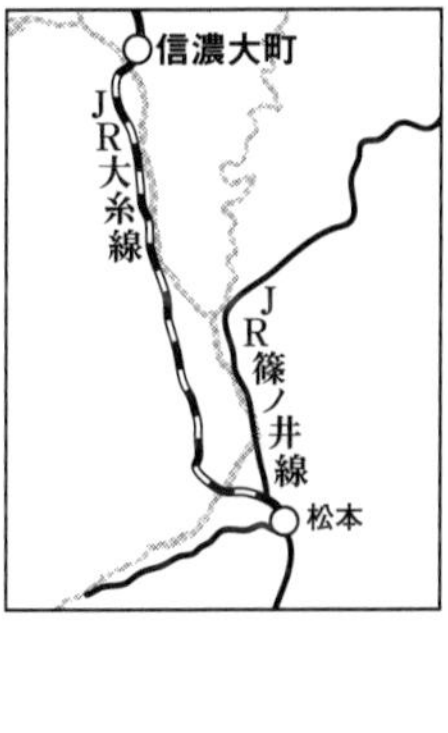

女性目線が入る列車

東京・名古屋・大阪の三大都市からも、日帰り圏内の長野エリア。北部の山岳地帯を走るJR大糸線と篠ノ井線は、いつ行っても絶景を見せてくれる癒し路線だ。

この両線の長野〜南小谷《みなみおたり》間を走る観光列車「リゾートビューふるさと」は、美しい風景を堪能するのにうってつけ。前面・側面の窓は眺望を楽しめるよう大型のものが採用されていて、車窓には北アルプスの山並みが流れていく。標高が高い場所を走り、避暑地としても最適な路線だ。

真夏のある日、年々暑さを増す東京からとにかく逃げたくなり、「青春18きっぷ」でひたすら中央線を西進して長野を目指した。

長野駅のホームでは、モンベル製の登山着を着た女性アテンダントさんが乗客を迎えていた。夏はこの恰好が制服になるそうだ。出発すると、手作りのブローチ、箸置き、手書きのメッセージカードなどを配りながら巡回する。近年、このような女性的感性を投影したサービスが、各社で広がっている。そのおかげで、鉄道は全く別の表情を見せてくれるようになった。女性が設計に関わる車両も登場していて、これまでとは異なる新しさが広がりつつあると感じる。

車内では安曇野《あずみの》地域の方言による民話の語り、尺八・太鼓の演奏など、地域に根ざしたイベントも実施され、お祭りのような時間が流れていく。

客席には車内販売も回ってくる。少し前までは新幹線や特急などの大部分で実施されていた車内販売も、今ではレアな存在となった。座席にいながら買い物ができるのも、今や付加価値の高いサービスとなっている。元車内販売員の私は、その所作が気になってつい見入ってしまう。それはお局《つぼね》のような視線ではなく、当時の自分との違いを見つけると新鮮な気持ちになれるからだ。

とくに観光列車の車内販売は、スタイルに自由度があって面白い。例えば、手書きメニューやＰＯＰ、お客さんの呼び込みにアドリブも盛り込まれていて個性的。この列車にワゴンは見当たらず、ピクニックに持っていくような木のカゴに商品を並べて回っていた。

最近は決められたマニュアル通りにやるのではなく、お客さんを楽しませるためなら、多少のルール逸脱は許容されるようだ。元気にきびきび販売している後輩たちの姿を見ると、なんとも頼もしく感じるし、楽しんでやっている気持ちが伝わってくる。そんな販売ができることがちょっぴり羨ましい。

この列車のメニューで強く推したいのが、信玄餅《しんげんもち》アイス。濃厚なバニラに黒蜜と餅が入る絶品アイスだ。最近はバニラや抹茶だけでなく、りんご味、コーヒー味、沿線の有名店とコラボした商品も増えて、そのレパートリーが楽しい。

日本三大車窓のパノラマ

篠ノ井線・大糸線には、鉄道旅行のエッセンスが凝縮されたかのような魅力が感じられる。長野駅を出発した列車は篠ノ井線に入り、ほどなくして長野盆地の善光寺平《ぜんこうじだいら》が一望できる姨捨《おばすて》駅に到着する。この駅周辺の車窓風景は、石北《せきほく》本線の旧狩勝峠《きゅうかりかちとうげ》、肥薩《ひさつ》線の矢岳《やたけ》越えとともに「日本三大車窓」と称されている。ホームの展望デッキからは千曲川《ちくまがわ》に沿った長野盆地の大パノラマが広がっていて、その眺望は何度来ても飽きることはない。

姨捨駅では15分停車。「リゾートビューふるさと」の乗客向けサービスとして、元保線員の地元ボランティアによる、駅構内の見どころガイドツアーが実施された。この駅には昭和初期竣工の趣ある木造駅舎が建っており、戦前から佇《たたず》むどっしりとした風格にオーラを感じる。全国には古い木造駅舎が各地に残るが、その大半は民家のような和風建築。この姨捨駅舎のようなレトロモダンな建物は稀少性が高く、見れば見るほど味わい深い。この駅には蒸気機関車時代の遺構、スイッチバックも残る。

駅の待合室には黒電話の鉄道電話があった。通常、鉄道関係者以外が触れることはできないけど、ここでは「困ったらお使いください」と書いてある。つまり乗客が使ってもよいということだ。電話したい衝動にかられたが、そのとき私はこれといって困っていなかった。この電話は旧国鉄が敷設した鉄道施設間を結ぶ直通回線で、その後ＪＲにも引き継がれた。７ケタの番号で、鉄道関係者の間では「鉄電」と呼ばれている。ＪＲ関係者の名刺には、ＮＴＴ回線番号と一緒に鉄電の番号も記載されていて、私にもほのかな憧れがあった。問題がないことは良いことなのに、利用できるチャンスが生かせず残念だ。

姨捨駅には、駅スタンプも設置されていた。この駅は通常は無人駅なので、前述のボランティアガイドがいる時間帯しか、スタンプが設置されていない。「押し鉄」とも呼ばれるスタンプ収集ファンが懸命に押していた。私自身は、記念スタンプは一駅一押しで十分だと思っていて、仮に擦れたり曲がったりしても、それも味だと思っている。でもあるとき、押し鉄のノートを見て驚いた。どれも美しい印影を留めていて、生き生きとしている。情熱とはこういうことだと感じた。

姨捨駅を過ぎると、近くの席で西村京太郎さんの『篠ノ井線・姨捨駅　スイッチバックで殺せ』という小説を丹念に読む男性を見かけた。私も見事なトリックが織りなす西村作品を拝読することが多いが、そのプロットの妙にいつも感服してしまう。小説の舞台で読むというのは、聖地巡礼気分に浸れるのかな。それにしても、〝スイッチバックで殺せ〟の内容が気になってムズムズする。

わさびか不思議オーラか

松本駅で方向転換すると、列車は大糸線に入る。ここからは、北アルプスの大パノラマを見ながらの旅となる。その山々を眺めていると、車内の冷房の風まで新鮮で美味しく感じるから不思議だ。

穂高駅《ほたか》では約30分の停車。私の「リゾートビューふるさと」の旅は、今回はここまで。高原リゾートの穂高をじっくり堪能しにいく。駅の改札では、近くの穂高神社《ほたかじんじゃ》に仕える本物の巫女《みこ》さんが乗客を待っていた。希望者は、ここから穂高神社まで一緒に行って、境内を案内してくれるのだ。黒髪に赤い袴姿の巫女さんが可愛らしくて、男性がアイドルを見るかのようにデレッとしながら、キュンキュンしてしまった。

神社に向かう途中、銀色のオブジェがたくさん並び、不思議なオーラを放つお店があった。巫女さんに聞くと、「前から気になっているものの、よくわからない」との回答。地元の人でも近寄りがたいということは、もう間違いない。私の大好きなB級飲食店なのだろう。穂高観光が一通り終わったら、行ってみるとしよう。

神社参拝後、駅に戻ると、ちょうど穂高地区の観光名所を巡る周遊バスが出発するところだった。すぐさま乗り込み、まずは地域有数の観光地「大王《だいおう》わさび農場」へ向かう。このバスはフリー乗降制度を採用していて、停留所ではない場所でも「ここで降りたい」と言えば降ろしてくれる。乗るときも歩道で手を挙げると止まってくれて、ヒッチハイクみたいだ。ローカル地方ではこの制度を採用している場所も多いが、普段、都会で暮らしていると何とも新鮮に映る。

大王わさび農場は、施設全体がとにかくわさび尽くし。わさびに関するあらゆる食材やお土産物が、あっちにもこっちにもあって、その数の多さに圧倒される。わさび味のビールまであり、普段はそんなに飲まない私も、思わず注文。ツンとしたわさびの香りがするのに辛味はなく爽やかで、おつまみと一体化したようなビールだ。

園内でわさび蕎麦を食してみたかったのに、この日のレストランは観光客で超満員。諦めて再びバスに乗り込み、運転手さんに聞いてみると、この先にある複合施設の「安曇野の里」でもわさび蕎麦を扱っていて、地元のお母さんらが提供しているとのこと。さらにその近くの公園では、北アルプスの伏流水の湧水公園があるとも教えてくれた。

普段は止まらない場所で下車して公園へ行くと、地元の子供たちがパンツ一枚で楽しそうに水浴びしている。私も同じように服を脱いで、思いっきりジャブジャブしたいところだけど、靴下だけ脱いで足を浸した。やわらかい水はキンキンに冷たく、たくさん歩いて気だるい体を癒していく。東京ではお金を出して買うような清冽な水で遊べるとは、なんとも贅沢だ。

リフレッシュしたのち、ランチのわさび蕎麦をいただく。やはり、知らない土地では地元の方に行き先を決めてもらうのが一番だ。お陰で当初の予定以上に、穂高を満喫できた。

アートな店主の意外な助言

穂高駅に戻り、満を持して、不思議オーラを放っていたあの店に向かう。入り口には「カフェギャラリー　スプーンアート」との看板があった。店内に入るとスプーンを使用したさまざまな種類の動植物のアート作品が、ぎっしりと並べられている。スプーンを加工すると、こんなにも多彩な世界が表現できるのかと驚かされたが、店内にはそれ以上に驚きが散りばめられていた。雑多な展示物が所狭しと並べられており、まるで高校の文化祭会場のような雰囲気。

ご店主は地元出身の造形作家で、このお店はギャラリー兼店舗として開設されたものだという。それだけなら単なるアート喫茶だけど、このお店のすごいところは常識では測りえない、不思議な装飾と風変りなサービスにあった。

店主は、席に座った私に傘を差し出して、キッチンへ戻っていく。訳もわからずとりあえず開いてみると、傘の内側に食事メニューが書かれていて、その奇想天外な発想に大笑いしてしまった。メニューには、コウちゃん、ゾンビセット、ドラキュラジュースなどと、何が出てくるか全く予想できないものが並んでいる。そこで、ドリンクの一覧から「リューク」を頼んだ。

するとゴルゴ13風のいかつい男性のマネキンが、ゴロゴロ引かれて出てきたではないか。明らかにこれはドリンクではない。困惑する私に飲み方を教えてくれた。なんと、スーツを脱がせると、男性の胸部にストローが繋がっていて、吸うと牛乳が出て来る仕組み。女性にとってはかなり微妙な部分もあるのに、不思議といやらしい気分にならないのは、店主のさっぱりした人柄によるものなのだろうか。

呼び出しボタンはチキンの形をした人形で、お腹を押すと「クー」と鳴き声のような音が鳴る。飲食物を頼むと、スプーンで装飾されたユニークなお盆で運ばれてくる。お盆だけでも30種類以上も用意されているとのこと。

さらに店主は「女性ひとりでこんな不思議な店に入ってくれたお礼」として、ティラミスをごちそうしてくださった。植木鉢の容器に盛り付けられ、土を食べるような気分になるけれど、味そのものは絶品。それもそのはず、もともとホテルでシェフをしていたとのこと。

トイレは「お化け屋敷」と呼ばれていて、開けると不気味な薄暗い空間があった。恐怖感をそそるホラー風のオブジェがぎっしりで、突然動き出した人形に、心の底から叫び声をあげてしまった。この人形には紐が付いていて、外で店主が紐を引っ張って動かしながら、ケタケタと笑っている。

この店を始めた理由を、「愛犬が亡くなって、頭がスパークしたから」と話す店主と雑談するうちに、その人柄にぐいぐいひき付けられていった。

鉄旅タレントという特殊な仕事の中で感じる、悩みや挫折についてお話したところ、「他人の顔色をうかがうんじゃなくて、自分の顔色をうかがって、それを突き通せ。自分を表現したくて、その仕事に就いたんでしょ？　俺と同じじゃないか」との言葉をいただいた。

的を射すぎている返しの言葉に、ぐうの音も出ない。そしてストンと心に響いて、気持ちが一気に晴れた。

日本中を旅しながら、自分自身が整っていくのを感じる。人生で大切なことは、全て見知らぬ人が教えてくれた。

※「カフェ・ギャラリー　スプーンアート」は本書制作中の２０１９年10月20日に閉店しました。

本線から降格された哀しきローカル線 御殿場《ごてんば》駅ほか（ＪＲ御殿場線）

日本の美がここに！

迫力ある富士山の車窓を望めることで人気の路線、神奈川県の国府津《こうづ》駅と静岡県の沼津《ぬまづ》駅を結ぶＪＲ御殿場線。もともと東海道《とうかいどう》本線の一部として開業するも、昭和初期に熱海《あたみ》～函南《かんなみ》間の丹那《たんな》トンネルが開通して、ショートカットされたことにより支線となった。一線から退いて後輩に席を譲ったような、東海道本線の先輩路線だ。

一押しは、山北《やまきた》駅界隈で通過する「桜のトンネル」。さらに、前述したように車内からは富士山の全容を間近に眺めることができ、その威容に圧倒される。ここは、日本の美がギュッと詰まった路線だ。春の日本ならではの風景が見たくなり向かった。

この日は、「青春18きっぷ」の有効期間だったこともあり、東京からJRだけで御殿場線へ。国府津駅からはJR東海の管轄となるので、車両もオレンジ色の帯に変わる。それだけで、遠くまで来たなぁ、という気分になるから不思議だ。

国府津駅を出発すると、列車は右方向に大きくカーブし、足柄《あしがら》平野を北上。車両基地である国府津車両センターを左に見て、ほどなくすると、名勝・曾我梅林《そがばいりん》が広がる。桜のイメージが強い御殿場線だけど、この区間では例年1月下旬から2月下旬まで、車内から梅の花見もできる。

朝7時、最初の目的地である山北駅に到着。まだ冬の冷たさが残る澄んだ空気が全身を包み込み、一気に目が冴えた。私を運んでくれた列車を見送ろう。沼津方面を見ると、ホームが切れた先の線路脇がピンク色に染まっていて、列車が桃色の世界へ吸い込まれるように走っていった。なんてメルヘンチックなの！　おとぎ話みたい。そこだけ次元が違って見えた。

改札を出てさっそく桜のトンネルへ向かう。駅周辺は民家が並んで落ち着いた雰囲気だけど、御殿場線が東海道本線だった時代、この界隈は給水・給炭の拠点となっていて、広大なヤードと機関区を擁する一大拠点だったそうだ。

当時、駅周辺には国鉄の官舎が立ち並び、最盛期には数千人の鉄道関係者がこの地に住んでいたという。そのころは歓楽街が広がり、映画館も何軒かあったというから驚きだ。今は静かな街並みが広がっていてすっかり景色は変わってしまったが、駅近くの市街地には古い建物が多く街歩きが楽しい。かつての街の勢いを反映してか、豪華でおしゃれなレトロ建築も数多く残っている。お店には、鉄道写真が飾られていたり模型が置いてあったりと、鉄道に対する地域の皆さんの愛を感じる。鉄道とともに発展してきたこの街の歴史が垣間見えた気がした。

桜のトンネルは、山北から谷峨《やが》駅方面へ徒歩5分のところにある。切り通しの区間の崖上両側に桜の並木が続くが、線路に覆いかぶさるようにして並んでいるので、まるで桜の傘のよう。朝早く行ったため、この一帯には人影がなく、桜の大パノラマが自分だけのもののようで気分がいい。桜はまさに満開、さらに切り通しの斜面には菜の花も咲き誇り、ピンクと黄色のコントラストは言葉に表せないほどの美しさだ。

列車と桜と菜の花が一望できる絶景スポット、今どきの言葉で言えば「インスタ映え」なのだろう。鉄道に興味がなくても、思わず写真を撮りたくなること請け合いだ。また、都市部から適度に遠いこともあり、日中でも、お花見客で身動きが取れなくなるというようなこともない。自分のペースでじっくり鉄道と桜を愛でることができるのだ。左右の崖を結ぶ橋の上に列車の通過時刻が書いてあるのは、「撮り鉄」に対する地元の人のサービスだろう。地域を挙げて鉄道を盛り上げようとしていることが伝わり、何とも嬉しい。おかげで私もたくさんの写真を撮ることができた。カメラの中は、ＳＮＳで「いいね！」がたくさん付きそうな写真でいっぱいだ。

桜の土手を駅の方に向かって降りると、山北鉄道公園がある。ここにはかつて御殿場線で運用されていたＳＬ、Ｄ52形が保存されている。最近では圧縮空気を用いた動態保存運転も行われるようになり、国鉄時代の息吹を今に伝えている。公園内でもたくさんの桜の花が迎えてくれた。こちらの桜並木もお見事。

展示されている跨線橋の柱には「鉄道院」の刻印が残されていた。鉄道院とは、国鉄の前身である鉄道省のさらに前身にあたる組織で、明治から大正にかけての一時期存在していた。もちろんその時代のことは全くわからないが、懐かしい気分にさせてくれる鉄道遺産は、昔話を読み聞かせてくれるおばあちゃんのようだ。

めざせご当地カレー

山北駅から再び車上の人になる。ここから御殿場の手前まで、しばらく酒匂川《さかわがわ》と交差しながら高度を下げていく。御殿場線は全線にわたって急勾配が連続することから、東海道本線時代には機関車を2両、3両つなげて運転していたという。勾配のために複数の機関車が黒煙をもうもうと立てながら走行するため、客車内にもススと煙が充満して、お弁当も広げることができなかったそうだ。

宮脇俊三さんの本によると、当時の旅人たちは「沼津まではぬまず食わずで行こう」とユーモア混じりで言っていたという。不便でもそれを受け入れて笑い飛ばすという、このエピソードが大好きだ。

御殿場を過ぎると、霊峰富士の立派な姿が車窓に広がる……はずだったのに、あいにくの曇り空。とはいえ、御殿場線から富士山の全容を一望するのは、結構難度が高く、裾野から中腹までは快晴でも、山頂部は雲に覆われているということも珍しくない。ホームから富士山がとてもきれいに見えるはずの富士岡《ふじおか》駅で下車したのに、やはり空は乳白色。いくら待っても天気が回復する見込みはなさそうだ。雲の向こうにいるであろう富士山をイメージして、「私はいま絶景の富士山を見ている！」と妄想にひたった。

上り列車に乗車、御殿場線の拠点駅である御殿場駅にふたたび到着。

時刻はお昼、ランチへ向かおう。ここ一帯のB級グルメである「富士山水菜カレー」を食べてみたい。これは、御殿場産コシヒカリを使用したご飯を富士山のように盛り、ルーを噴火で溶けだした溶岩流に見立てて、富士山の湧き水で栽培された「水かけ菜」が添えられているらしい。水かけ菜とは、スーパーでよく見かける水菜とは別物の地元の野菜だ。

ご当地メニューであるこのカレーを提供しているお店は20軒ほどあって、各店で個性が光る。そのなかで、創業1979年の老舗店「レストラン力亭」に向かった。

注文すると店員さんに「五合目？　頂上？」と聞かれる。五合目は「中辛」で、頂上は「激辛」とのこと。初心者の私は、五合目から挑戦することにしよう。運ばれてきたカレーのご飯にはチーズがかかっており、これは富士山の雪化粧を表しているそうだ。Ｂ級グルメは、こういう遊びゴコロがなんとも楽しい。長時間煮込んだスパイシーで奥深いカレーを、一歩一歩登って、無事登頂を果たす。

よし、次は本物の富士山を拝みに行こう。富士の絶景を再チャレンジだ！

旅上手は観光案内所へ

もう一度、御殿場駅へ戻った。リベンジの場所は「ごてんば市　温泉会館」。地元の方が多く利用している銭湯で、温泉につかりながら御殿場市街地と富士山が一望できる。行き先は決まっているけど、まずは駅前の観光案内所に入った。

私はいつも、用事があってもなくても観光案内所に立ち寄る。そこには地元を知り尽くすプロがいて、これから向かう施設を告げるとプラスアルファの情報をもらえるからだ。それに窓口では割引券をくれることもある。入館料や会計からの割引サービスがついた券ばかりでなく、アイスやデザートなどが入手できるクーポンを提供する施設まである。しかも案内所の利用は無料。使わない手はないのである。今回は、入浴料100円引きクーポン券を頂いた。ラッキー！

駅前から乗車した送迎バスに揺られること約10分、温泉施設に到着。市が経営しているため、入浴料も500円と手ごろで嬉しい。案内所で割引券をいただいたので、さらに安く温泉に入ることができた。平日の昼間だし空いているだろうと思いきや、地元のお年寄りで結構な混雑だ。富士山は姿を現してくれたかなと、スクラッチくじを削るような気持ちで浴室のドアを開けたが、いまだ富士山は雲の中だった。

がっかりしていると、インド人らしき方が英語で「富士山はどこですか?」と聞いてきた。私は英語が全くと言っていいほど、話せない。

そういえば、石川県の和倉温泉《わくらおんせん》駅にある足湯でも苦労した。そこにはセルフサービスで温泉卵を作れる場所があって、食べていると外国人観光客に「温泉卵とは何ですか?」と聞かれた。温泉卵は温泉卵である。でも、知っている英単語を並べてオーバーなジェスチャーで説明をして一緒に作り、「おいしいね」と食べたことがあった。

あの時と同じように全身で伝えると、大きく頷いて、笑顔で握手をしてくれた。正しく伝わったかどうかはわからないが、温泉卵と富士山に「国境はない」と知った。

それにしても、外国の方が箱根や熱海ではなく、御殿場の、しかも公共施設の温泉に来るとは、なかなか渋いチョイスじゃないか。

お風呂上がりには大広間で冷たいものを味わう。お年寄りが多く、皆さんとても楽しそうに井戸端会議をしている。ひとりで来た私は、その様子をしばし観察することにした。普段ならあっさり立ち去るところだけど、このときは周囲のおばあちゃんたちがあまりにも楽しそうに話をしているのでその雰囲気にひたりたくなった。聞こえてくるお話の内容は、日常的なたわいもないこと。それでも話をよく聞くと、この方たちはほぼ毎日ここで集まっているようだ。それぞれ自分が作った漬物や煮物などを持ち込んで、交換している様子は実に楽しそう。ふと、自分もおばあちゃんになったときのことを想像してみた。私もこんな風に、気の置けない仲間と毎日笑って過ごすのかな。……あれ？　想像が全くできない。どうしよう！

実はこのころ、人づき合いが苦手だったこともあり、深い仲の友人がほぼいなかった。ひとりの方が気楽で、ひとりの方が自由だと思っていたが、それは言い訳で本音は女性同士で旅行に来ているグループを見ると、ちょっぴり羨ましかった。そんな私に、年老いたときに都合よくポンッと友達ができるだろうか。いや、おそらくできない。きっとこのままの延長だろう。今まではひとりが最高と思い込んでいたけど、果たしてそれで良かったのかな。重大な考え違いをしていたのではないだろうか。

この大広間での経験は私を大きく変えた。たまたま出会った見ず知らずのお年寄りたちが、老後の過ごし方を教えてくれたのだ。実際には1時間ぐらい、ぼーっと眺めていただけだが、気がついたら私は人間関係についての悟りを開いてしまっていた。

東京に帰って、早速行動に移す。身近なところから友達作りを始めよう。趣味のサークルに参加してみよう。わからないことがあったら、ひとりで解決するのではなく、誰かに聞いたり頼ったりしてみよう。

……そして1年後。ふたたび「温泉会館」に行った。今回は女3人旅だ。

そこには、大広間で親友らと、何時間も井戸端会議をして、笑っている私がいた。

愛知はB級スポットの宝石箱やぁ〜！
犬山遊園《いぬやまゆうえん》（名鉄犬山《めいてついぬやま》線）

桃太郎のルーツ？

B級スポットと呼ばれる場所は、突飛《とっぴ》な発想の宝庫だ。そこに常識は通用しない。各県の有名観光地をひと通りまわり、次に目を向けたのがこのB級といわれる場所だった。

日本という国は私たちが思っている以上に大きく、各地域にはさまざまな文化や風習がある。そのため、地域による普遍的な価値は大きく異なる。そして価値観や規範は、個々の人間でさらに異なる。でもそれらは、ときに人を驚かせ、そしてときに人を魅了する。私の出身地である愛知県は、東京と大阪のはざまで独自の文化を形成しており、そんなB級スポットが数多く存在している。

愛知県と岐阜県を分かつ木曾川《きそがわ》のほとりに位置する「桃太郎神社《ももたろう》」（愛知県犬山市）も、そのひとつだ。桃太郎にまつわる伝承は全国各地にあり、一般的には岡山県発祥が有力とされている。でも、犬山発祥説にも歴《れっき》とした証拠があり、それは地名が証明している。

桃林がある「大桃《おおもも》」を筆頭に、お供した3匹にちなむ「犬山」「猿洞《さるぼら》」「雉ケ棚《きじがだな》」、鬼退治に行った「鬼ケ島《おにがしま》」、勝利を祝い宴を開いた「坂祝《さかほぎ》」など、数多くの地名が残っているのだ。

ここでは、桃太郎の桃は木曾川を流れてきた。第一発見者は、愛知県側の川岸で洗濯をしていたおばあさん。ということは、桃太郎は愛知県民となる。もしも反対側の岸で拾われていたら、岐阜県民だった。

この話を証明する遺産として「洗濯岩《せんたくいわ》」がある。なんとこの岩には、おばあさんの足跡が残っているらしい。やはり、桃太郎は岡山県民説より愛知県民説の方が有力なのではないだろうか。調べると、これらを伝承する神社があった。

でもこの神社はＢ級スポットと呼ばれているらしい。おやおや？　この時点で愛知県民説に若干の引け目を感じたが、なにごとも論より証拠。この目で確かめに行こう。

向かった先は、桃太郎神社。名鉄の犬山遊園駅から徒歩30分、タクシーで約15分のところにある。

歩くかタクシーにするか迷ってあたりを見回すと、駅前にはひときわ目立つ不思議な建物が異彩を放っていた。外壁には太陽や花を象った幾何学的な模様が描かれており、店の入り口と思しき扉の上には「愛は流星キラキラ光り輝く未来」とある。ちょっと意味がわからない。

さらによく見ると外壁には「初音ミク」「２０２０ＴＯＫＹＯ」「夢で再会」「うそよ今夜はアマン」「聖女純子」「ヴィクトリー」などの文字が脈絡なく並ぶ。それは、かの有名な「芸術は爆発だ！」の域をはるかに超越していた。岡本太郎さんも「なんだ、これは！」と思うに違いない。

入り口の立て札には「カラオケ喫茶営業中」とあった。ここだけは普通に読める。この案内が正しければ、中は喫茶店だ。全国有数の喫茶店王国である愛知県には、さまざまなタイプの店舗がある。コーヒーを頼むとサービスで、豆菓子やトーストが付くお店、赤出汁《だし》の味噌汁が付くお店、内外装に趣向を凝らしたお店も少なくない。

しかし、ここまで突き抜けた場所はお目にかかったことがない。桃太郎神社に行く前に、さらに上を行くB級スポットを発見してしまった。B級スポット愛好家としてはぜひとも立ち寄らねばなるまい。と言いつつも、改めてこのお店を眺めていると、正直なところかなり怖い。何というか生理的な恐怖感を感じる。果たして店主はどんな人だろう。女性ひとりで入って本当に良いものだろうか……。

外壁にペンキで描かれた営業時間は10時からとなっているが、時刻はまだ9時前。入店は棚上げして、まずは当初の目的地である桃太郎神社を訪れることにする。季節は秋。紅葉の訪れを感じながら歩いていこう。

佳き時代を感じる珍百景

駅からすぐの木曾川に犬山橋《いぬやまばし》が見えた。この橋梁《きょうりょう》は、現在でこそ鉄道専用橋だが、2000年までは名鉄犬山線と道路の併用橋だった。

その当時、橋とその前後では電車はアスファルトの中に敷かれたレールの上を、徐行しながらまるで路面電車のように走っていたのである。車と列車が並んで渡る風景もまた、珍スポットだった。その下を、どんぶらこっこと桃が流れてきたら……。ネッシー発見よりも話題になっただろう。

木曾川沿いに歩くこと30分。桃太郎神社が現れた。境内には、そこかしこに桃太郎、猿、犬、キジ、おじいさん、おばあさん、鬼たちのオブジェが数多く置かれている。コンクリート製で手作り感満載だが、個々に絶妙な味が出ていて憎めない。

他の参拝客も、この個性的なアートに笑いながら写真を撮っていた。境内全体が桃太郎のテーマパークのようだ。

本殿を目指して一直線に伸びる長い階段を上ると、途中に桃が掲げられた鳥居があり、その手前にパッカーンと割れた桃から生まれた桃太郎がいた。桃太郎は全身裸で万歳ポーズをとっている。私の中のイメージでは5歳くらいの男の子だったのに、どう見ても小学生の高学年。いや、大人びた顔から考えて中学生かもしれない。なんとなく、目のやり場に困ってしまった。トランクスを買ってプレゼントしたい。

本殿の鳥居は桃をかたどったピンク色。立て札に「桃形鳥居をくぐれば、悪は去る（猿）、病は居ぬ（犬）、災いは来じ（キジ）」とあった。この神社は「百歳《ももとせ》まで健康を授かりたい人」のほか、「子宝を授かりたい人」にもご利益がある。そして桃太郎は、子供の守り神として崇敬されている。賽銭箱にも、幕にも、提灯にも、絵馬にも、あちこちに桃が描かれていて桃尽くしだ。

そしていよいよ宝物館《ほうもつかん》。この神社のハイライトだ。ここには、桃太郎が愛知県民だったことを証明する品々が展示されている。おじいさんと「きびだんご」を作るために使ったという杵や臼、退治した鬼の骨やミイラ化した写真、鬼の男性器である

「珍宝」まであった！　決まった。私の中で桃太郎は、ここ木曾川で、どんぶらこっこをしたことにする。

解決したところで駅へ戻ろう。朝見つけたあの喫茶店も訪れたい。桃太郎に勇気をもらった。心の準備ができた。

改めて店の前に立ってみる。やはり際立って個性的だ。先ほどは見逃してしまったが、「全国のみなさんありがとう武史」との記載もある。店名は「百万ドル」。どんなメニューがあるか想像がつかない。予想外の請求をされることはないだろうか。

アメリカの100万ドルは日本円で1億円を超える。金額を聞いて辞去したら、店主が急に怒り出すなんてことはないだろうか。桃太郎も鬼退治に行く前はこんな心境だったのかな。

でも私はこれまで、不思議なもの、結果がわからないものを見ても臆することなく果敢にチャレンジして、普通ではできない経験を積み上げてきた。このまま入店せずに帰れば、後悔すると知っている。大きく深呼吸をしてドアを開けた。

宝物館を超える宇宙空間

お店に入ってまず眼に入ったのは、外壁よりもインパクトのあるド派手な色彩の絵画の数々。そして統一性のない多種の造花、お客さんと思しき人が写っている写真、写真、写真……。壁から天井までびっしりと貼り付けられている。

「宇宙だ。ここは私が知っている地球ではない」

テンガロンハットをかぶった70代くらいのファンキーな男性が、ステージでカラオケ『ベサメ・ムーチョ』を熱唱していた。呆気にとられ佇んでいると、「ええ⁉ 女性ひとり? よく入れたね」と、マイクを通して歓迎された。この方が店主だった。

テーブルの上のメニュー表には、コーヒー500円、ソフトドリンク500円と、至って一般的な金額が記されている。ドリンク以外にも、お好み焼き、エビピラフ、ぜんざいなどの軽食類が充実。奇抜なのは内外装だけで、それ以外は普通の喫茶店なのかもしれない。

ホットコーヒーを頼み、店主のカラオケに手拍子を打ちながら待つ。そして、やはり普通じゃないことを知る。コーヒーを頼んだはずなのに、赤ワインが出て来た。驚くのはまだ早い。続いて、おにぎり、チーズ、どら焼き、パン、サンドイッチ、みたらし団子、3色だんご、バナナ、りんごが運ばれてきた。最後に、缶コーヒーと淹れたてのホットコーヒー。どういうことかと店員に聞くと、ドリンク単品でも17時までは「モーニング」として取り扱われるとの答えだった。

前述の通り、愛知県は喫茶店王国で、ドリンクと軽食がセットになった「モーニング」を提供するお店が多いのだが、ここまで濃厚なサービスは見たことがない。コーヒーを頼んだのに、セットで缶コーヒーが出てくるとは……。

店主のキャラクターも店の内外装に負けず劣らずユニークだった。お話のテンポはもの凄く早く、女性遍歴から武勇伝まで話題は次々と移っていく。

表の立て札には「美術アーティスト　大沢武史」という看板があった。このお店は店主のギャラリーも兼ねているようだ。

素敵なめぐり会い

すっかりこのお店が気に入った私は、後日、ファンイベントの会場として使用させていただいた。30名ほど集まり、1500円のコース料理をお願いしたところ、ご店主はお支払いした金額以上の飲食物を出してくれて、このときもテーブルは食べ物であふれていた。参加者は大喜び。

私と店主は、出会うべくして、あの日めぐり会ったのだろう。店主の感性と価値観には、惹かれるものがたくさんあった。私は自分の頭の中に膨らむイマジネーションを鉄道や旅という目に見えるカタチにして表現し、店主は絵やモーニングで体現しているのだと思う。誰かを奇想天外な視点から楽しませたい、という真髄は同じ。個性的で奇抜すぎると大多数にはウケないが、届く人には必ず届く。そして今回それは私に届いて、引き寄せられるようにここへ来たのだろう。旅先でパンドラの箱を見つけたら必ず開ける。私はそれをして、いままで後悔したことは一度もない。

人生の悟りを開く
京阪《けいはん》電鉄《でんてつ》交野《かたの》線〜男山《おとこやま》ケーブル

七夕に込めた私の願い

関西地区の乗りつぶしが佳境に入ったある七夕の日、京阪電《けいはんでん》気《き》鉄道《てつどう》（以下、京阪）の未乗車線区であった交野《かたの》線と男山《おとこやま》ケーブル（現・石清水八幡参道ケーブル）の2路線を訪れた。関西地区には5つの大手私鉄があって、どの路線も車両やサービスにおいて個性を放っており、乗っていて飽きない。

私が京阪で好きなのは、「おけいはん」と命名されたイメージキャラクターの女性を活用した物語仕立てのキャンペーン。関西の鉄道イベントに出演したとき、ステー

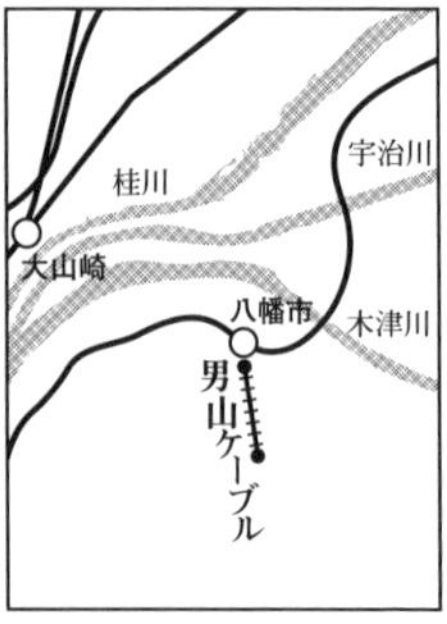

ジからお客さんにCMのキャッチフレーズである「京阪乗る人〜?」と問いかけると、全員一致で合言葉のように「おけいはん〜!」と返してくれる。

そういえば、私が19歳の頃、大阪のタレント事務所に所属していたとき、おけいはんオーディションに応募して1次の書類審査で落ちたことがあった。ここだけの話にしておこう。

この日の旅は京阪のターミナルのひとつ、京橋《きょうばし》駅から始まった。七夕の日を選んでここへ来たことには訳がある。交野線沿線には、七夕にまつわる史跡や伝承が多くあり、七夕伝説の地とされている。そのため、当日に乗って物語を身近に感じてみたかったのだ。

京橋駅のコンコースには大きな笹の飾り付けがあった。お客さんが願いごとを短冊に記し、自分で飾れるという趣向。もちろん私も書いてみることに。掲げてある短冊には仕事のこと、家族のこと、趣味のこと、いろいろな想いが書かれてあったが、私の願いはこれしかない。

「京阪で運命の彦星と出逢えますように」

この数時間後、京阪の神様がこの願いを叶えてくれることになる。

乗車して最初に訪れたのが萱島《かやしま》駅。高架駅でありながら、ホームを突き抜けてクスノキが生えているという、めずらしい構造だ。もともと、この地にあった萱島神社のご神木を保護するために、高架化される際にホームに穴を開けた設計にして、伐採を回避したというエピソードがある。

自然と人間の共生の可能性を体感できるこの駅、遠目から見るとコンクリートのホームを緑の葉が覆うように建っていて、「天空の城ラピュタ」を想起させる。私は密かに「リアルジブリ駅」と命名して、何度となく訪れている。

再び京阪本線に乗り枚方市《ひらかたし》へ、ここから未乗車区間の交野線に乗り換えて、七夕である今日を選んだ理由にまつわる旅が始まる。線路に沿うように流れる天野川は、古くから「地上の天の川」と称されているほか、交野市駅のほど近くには織姫を祀った機物《はたもの》神社もあるなど、七夕伝説とのつながりがとても深い。交野線の列車にも「おりひめ号」と「ひこぼし号」が走っていた。普段、この2つは朝のラッシュ時と深夜時間に運行していたため、それぞれが出会うことはない。

そこで、年に一度の七夕の日だけに同時刻に走らせて、織姫と彦星を再会させるという、なんともロマンチックなイベントを過去に実施していた。そのため、ここは私にとって七夕路線という印象がとても強い。平日の朝にのんびりと車窓を眺め、ほぼスッピンで乗り鉄している私と違って、きっと今ごろ空の上の織姫は、朝シャンにメイクに着替えにと大忙しだろうなと想いを馳せた。

夢のような乗り物で天空世界へ

次に向かったのは男山ケーブル。本線の八幡市駅に隣接する、ケーブルカー専用駅から出発するケーブルカー路線で、石清水八幡宮の参詣路線として古くから親しまれている。長らく男山ケーブルの愛称で呼ばれていたが、本書制作中の2019年10月に石清水《いわしみず》八幡宮《はちまんぐう》参道《さんどう》ケーブルに改称、駅名も変更されている。

私はこの路線を「お正月だけ本気出しちゃう鉄道」と呼んでいる。なぜなら、前述の通り利用者の大半は石清水八幡宮の参詣客。特に正月三が日は年間乗降客の5割を占めており、お正月とそれ以外で全く異なる顔を見せるからだ。

通常は15分おきの運転頻度、お客さんがいないと臨時運休することさえあるが、お正月は最短5分間隔に短縮されるとともに、運転速度も2倍に引き上げられる。大晦日は終夜運転も実施されて、徹夜で夜通し運行する。なんだか、忘年会と新年会の幹事を任されて一生懸命頑張っている人のようで、応援したくなってしまう。

この日は、お正月でもなく普通の平日で、乗客は私ひとりだった。貸切状態のケーブルカーに乗り込む。どの席でも選びたい放題だ。この車両の特等席は、運転台（実際には車掌がスタンバイする座席）の真横にある「かぶりつき席」だと思う。普段は子供のお客さんに遠慮してしまうが、堂々と一番前を陣取った。

ほどなくして出発。路線は若干カーブしながらも、ほぼ一直線。前方を見上げると、早くも終着駅が見えてきたが、後ろを見るといつの間にか高度が上がっていることにも驚かされる。背景には京都盆地の街並みと山並み、そして淀川が鮮やかに浮かび上がる。古くから走るこのケーブルは、シースルーのエレベーターなどがなかった時代、遠ざかる街並みを見ながら空に近づく、夢のような乗り物だったのかもしれない。

途中で列車の行き違い。この区間だけは上下2線となっている。お客さんが多い時期だったら、すれ違う列車の乗客に笑顔で手を振りあうけど、下り方向の列車にもお客さんは誰も乗っておらず、そんな儀式もなく、列車は淡々と進んでいった。

俺の庭

終着駅のケーブル八幡宮山上駅は、古風なコンクリート建築。嬉々としながら駅の写真を撮影する私に、朝の散歩中と思しき60代くらいの男性が、

「姉ちゃん。旅行で来たん？　良かったら八幡を案内すんで〜」と声をかけてくれた。その男性、見るからに優しそうなうえに、博識そうな雰囲気。ラッキー！とためらわず、このあとの行き先を告げると、辻さんと名乗られたこの男性は、「このあたりは全部俺の庭やから」と案内に連れてってくれた。

世間話をしながら石清水八幡宮の境内に入ると、竹藪の中にエジソンの碑が建っていた。なぜここにエジソン？と不思議な顔をする私に、辻さんは逸話をあれこれ話してくれる。電球のフィラメントを開発するエジソンが、良質な素材を求めて世界中の竹で試したところ、この一帯の竹が一番丈夫で長持ちしたという。石清水の竹が世界の発明王・エジソンの研究にも寄与しているというのは意外に感じられた。ひとりなら素通りしていたこの場所が、辻さんのお陰で特別なものとなる。

参拝して下山しているとき、すれ違った女性が「おはようございます」と声をかけてくれた。どうやら辻さんの知り合いらしい。すると辻さんは「俺の隠し子やねん。さっき20年ぶりに再会して」と私を紹介してくれた。この関西ノリ、大好きだ。

次に、日本で唯一の航空安全祈願のある「飛行神社」へ。飛行原理や固定翼の原理を研究していた、二宮忠八《にのみやちゅうはち》氏が私邸に創建したというこの神社。ギリシャ風の拝殿で、境内には自衛隊の戦闘機のエンジンや、ゼロ戦のプロペラが展示されている。おみくじも変わっていて、引いたものを紙飛行機の形に折って飛ばすという「神飛行機おみくじ」があった。空の安全を願う航空業界の方々も多く訪れるとのこと。鉄道のみならず乗り物全般が好きな私にとっても、見逃せない神社だ。

最後は、壁に願いを書くとご利益があるという「らくがき寺」（単伝庵《たんでんあん》）。祈願料として300円を奉納した参拝客は、大黒庵という、お堂の壁に誰でも自由に願いごとを書き込むことができる。神聖なる建物にサインペンで堂々と落書きをしてもいいなんて。壁には、イラストや相合傘などがギッシリ書かれていた。

ここでふと、朝の京橋駅で短冊に書いた内容を思い出す。そうか！　今、隣にいる男性、この辻さんこそが私の彦星だ。「京阪で運命の彦星と出逢えました。ありがとうございました」と、お礼を込めて書き留めた。

心の中の氷を溶かすひとこと

八幡を巡り、京阪の駅まで送っていただく。たった数時間前まで他人だったのに、ずっと前から知り合いだったかのように、距離が近くなった。

そこでポロッと、このとき悩んでいたことを口に出してしまった。実はこの時期、「鉄道アイドル」を名乗る女性がどんどん出てきていた。鉄道界に女性が増えると、華やかになるし、嬉しい気持ちもあった。けれども、女の世界とはドロドロしていて怖いものである。もともと一匹狼の私は、そのコミュニティーで上手くやっていけずに悩んでいた。

「実は、同業ライバルの女の子たちと仲良くしなきゃと思いつつもできなくて……」

すると、さっきまでニコニコと穏やかだった辻さんの表情が鋭くなり、意外な言葉が返ってきた。

「芸能界のような生存競争の激しい世界で、仲良くなんて無理やわ。野球選手でもレギュラーがケガしたら、ベンチにいる選手たちは内心喜んでるんやで。姉ちゃん優しすぎ！　ライバルなんか蹴落としてなんぼや！」

そのストレートすぎる辻さんの温かい喝に、心の中の氷がじわじわと溶け出していくような気分になった。その通りだ。私は「良い子でいなきゃ。誰とでも仲良くしなければ」と自分の本音を偽りながら、演技をしていただけだ。もっと、自分の気持ちに正直に生きてもいいんじゃないか？　無理に仲良くする必要はないし、嫌いな人は嫌いなままでいい。我慢しすぎる必要は、最初からなかったんだ。

短い言葉ながらも、私の心にグサッと刺さった。すると急に激しい雨が降り出した。それと同時に、私の目からも涙があふれた。これまでのことが洗い流されていくように思える。辻さんは、あれこれ言わずに、そっと私に寄り添ってくれた。その気遣いが嬉しかった。

この言葉を受けたあと、同業ライバルの女の子たちと仲良くするのをやめた。周りからは色々言われたが、自分の本心を守ったことで、自信が持てるようになったのは間違いない。

するとそれを見ていたある女の子から、「実は私も他の子と上手くやっていけなかった」と相談されて、意気投合し、仲良くなってしまった。

その数年後には、距離を置いた子たちとも「あのころは大変だったよね。お互い必死だったね」と、笑いながら話せるようになった。人目を気にして立ち振る舞うより、人に嫌われてもいいやと我を通した方が上手くいく。そんなことを教えてもらった出来事だ。

あれから年に一度、七夕の日になると、辻さんから電話がかかってくる。

「もしもし、俺の織姫ちゃん？　元気～？　彦星だよ！」

裕子のワンポイント・旅コラム②

自身が“ゆるキャラ”に変身できるとっておきの場所

乗り鉄で地方へ行くと、必ずと言っていいほどご当地キャラクターが迎えてくれる。そのなかでも、山陰本線沿線の観光地・玄武洞《げんぶどう》にいる兵庫県豊岡市のキャラクター「玄武岩の玄さん」（通称・玄さん）には、忘れられない思い出がある。なんとここでは、自身が玄さんに変身する“ゆるキャラ体験”が出来てしまうのだ。

玄さんは中年男性で、ハチマキを締めた頭に、口の周りはヒゲで真っ黒、額には青筋が立っていて、ちょっと怒っている顔がトレードマークとのこと。おなかには腹巻、下半身はニッカボッカ風のズボンで渋さと味わい深さを感じる。この見た目から、「ゆるキャラなのに男前すぎる！」と地元では有名キャラクターとなっている。

１回200円で誰でもなりきることができる着ぐるみ体験をやってみた。すると公園中の人たちが満面の笑顔で私めがけて駆け寄ってくるではないか！　大人も子供も、おじいちゃんも、おばあちゃんも。女性には「玄さん大好き～！」と抱き付かれてしまった。まるで売れっ子芸能人になったようだ。なんて心地よい気分なんだろう。

なが～い、なが～いローカル線を堪能
鳥取《とっとり》駅ほか（ＪＲ山陰《さんいん》本線）

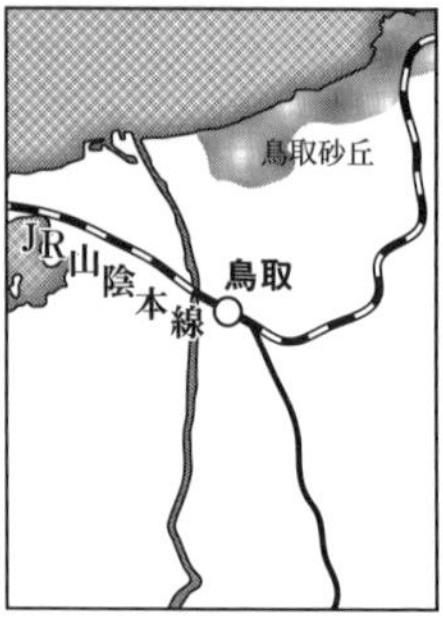

普通の女のコに戻るとき

鳥取駅で、東京へ戻るマネージャーを見送った。仕事で地方に来たときは、これがお決まりのパターンとなる。

他のタレントさんは、東京発から東京着までの全行程をマネージャーと一緒に行動するが、私はたいてい現地集合・現地解散。そこから数日滞在して帰ることもあれば、受け取ったきっぷを好きな路線に乗車変更して、大回りして戻ることもある。

過去に、香川県で仕事が終わったときのこと。マネージャーは飛行機で直帰した

が、私は列車で瀬戸大橋を渡って山陽本線で山口県に向かい、下関でフグを食べたあと山陰本線に入って日本海側を北上し続け、なんと新潟《にいがた》駅経由で帰京したことがあった。旅の途中で急遽、仕事の連絡が入った場合は、乗り鉄を中止して最短ルートで戻ってくる。そんな私は自分のことを「放し飼いタレント」と呼ぶ。

そして今回は鳥取駅で放たれた。どのルートで東京に戻ろうか。まずは、あのときに素通りしてしまった、この駅周辺を観光してみようかな。ここ山陰本線は京都《きょうと》駅と山口県の幡生《はたぶ》駅を結ぶ全長673・8キロに及ぶ日本有数の長大路線で、福知山、城崎《きのさき》、鳥取、米子《よなご》、松江、出雲《いずも》、長門《ながと》などの主要都市を結ぶ。

それなのに路線の大部分は非電化・単線。沿線の人口規模も小さいため、本線とは名乗っているもののどこかローカル然としている。でもそこが魅力なのだ。そのローカルっぽい雰囲気が醸す〝そこはかとない哀愁〟は旅人を癒してくれる。人混みに疲れることもなく、近代化がやや遅れた分、国鉄情景や昭和情緒も随所に残されている。

なにより、沿線には良質な観光地が多数あり、特産品も実にバラエティに富んでいる。その観光名所を巡りながら、東京に帰ることにしよう。

まずはホテルにチェックインして荷物を置き、シャワーを浴びて、仕事用の濃いメイクを落とす。これで私のなかの仕事スイッチがオフとなった。よし、乗り鉄開始！

6月の夕刻。この季節にしか会えないホタルを目指して、若桜《わかさ》鉄道の因幡《いなば》船岡《ふなおか》駅へ向かう。この時期駅周辺では約3000匹のホタルが舞い、車内から鑑賞することもできる穴場スポットだ。

駅に降りて土手に来てみると、ちょうど「ふなおかほたるまつり」が開催されていた。キャンドルが灯された川沿いを、見たこともない数のホタルが幻想的に飛ぶ。柔らかく光を放ち、線香花火の散り際のようにふわふわと舞って、見物客の全身をぽおっと照らしている。しばらく佇んで眺めていると、「すみません、インタビューいいですか？」と声をかけられた。振り返ると、地元テレビ局の取材班だった。

相手は私がタレントであることを知らない。こういうとき、いつもは丁重にお断りしている。なぜなら、トレードマークの赤制服を着ていないと緊張してしまい、カメラに向かってスラスラと話せないからだ。この感覚は伝わらないかもしれないが、私にとって制服は、スイッチを切り替える重要な役割も担っている。

それに今はお風呂上りのスッピン状態で、戦闘能力がゼロである。でもここは暗闇の中だし、顔はハッキリ映らないはずだ。こんな経験もいいかもしれないと承諾してみた。するとその直後にＡＤさんが、煌々《こうこう》とライトを付けて私を照らすではないか。時すでに遅し。こうして、しどろもどろにスッピンで答える私がテレビで放送された。この話は思い出すと笑えるので、好きな出来事のひとつだ。

ひとりぼっちの砂丘

翌日、朝6時前に起床して、鳥取砂丘を目指す。

鳥取は海沿いの街と思われがちだけど、実は海までは5キロ以上離れている。街の北側にもいくつかの山があるため、駅に降り立つと、まるで盆地のような風景が広がる。砂丘までは路線バスで20分程度、朝から夕方まで本数も十分確保されていて、時刻表を気にせず気軽に乗車することができる。

早朝の鳥取砂丘には誰ひとりいなかった。

朝日に照らされた砂丘は黄金色に光り輝き、幻想的な風景だ。ひとり興奮しながら砂丘探検を始める。想像以上に規模は大きく、なにより高さがあることに驚かされた。なだらかな丘をイメージしていたのに、実際には巨大な砂山と呼ぶのにふさわしい。どんどん靴に砂が入って、足が重くなってきた。そこで素足になって両手に靴を履かせ、這いつくばるように登ってみた。これはスイスイいけるぞ。でもこの恰好は絶対に人に見られたくないな。

頂上がゴールかと思いきや、目下には日本海が広がり、その海に辿り着くには砂山の崖を降りる必要があった。見てしまったら、行きたくなるものだ。崩れる砂に足を取られながらようやく海辺にたどり着く。そのまま素足で波打ち際を歩くと、地球と一体化したような気分になる。でも見渡す限りの砂の世界は、別の惑星に来たみたい。

そういえば、時代劇『暴れん坊将軍』シリーズのオープニングで、松平健さんが白馬に跨って登場するシーンは、ここで撮影されたこともある。あのテーマ曲を頭の中で再生してみよう。すると、将軍を乗せた白馬が全速力で走り去る姿が見えた気がした。砂丘の入り口に戻ると、ラクダライド体験のスタッフが営業の準備をしていた。絶対に乗ろうと決めていたので、営業前から待機する。

砂丘の上でラクダに跨ると、まるで中東の砂漠にでもいるようだ。とすると、砂山はピラミッドかな。動きが緩やかなので、乗馬のようにお尻が痛くなることもない。スタッフの男性は、「営業前から並ぶお客さんはあまりいないのに、よほどラクダが好きなんだね。それならちょっと練習台になってくれる?」と、まだデビュー前の訓練中の子にも乗せてくれた。

次に、近くにある「鳥取砂丘　砂の美術館」を訪れる。砂を素材とした彫刻物を制作・展示する世界唯一の美術館とのことで、とても稀少性の高い展示物が並ぶ。窓口で入場券を購入、ゲート前で並んでいると、突如大音量の音楽が流れ始めた。驚いて周囲を見回すと、スーツの職員さんたちが集団でこちらに向かってくるではないか。

「な、何？　なになに？」

職員さんは私から3人前に並ぶ方に近づき、

「おめでとうございます！　あなたは今シーズン10万人目の入館者です。記念品を授与させていただきますので、こちらへどうぞ！」と、上気した顔で取り囲んだ。

なんてこった！　あと数秒早く列に並んでいたら、私が10万人目になっていたかもしれないのに……！　その方は、地元の新聞やテレビのインタビューを受けている。私もあの場所に立ちたかったなぁ。いや、また昨日のホタルのインタビューの二の舞になっていたかも。これでよかったと思おう。

気を取り直して館内へ。展示物はどれも圧巻で、造形作品の数々は規模も大きく立体的、遠目には石造りの彫刻のように見える。小さな粒に魂を吹き込んで、芸術という形にしたこの技には、感動するしかなかった。

余部鉄橋をお土産に？

観光を終え、ようやくここから山陰本線の列車旅が始まった。鳥取駅から上り列車に乗車。JRになってから登場したディーゼルカーは、乗り心地も良好。5分も走ると車窓は郊外の風情だ。「鉄子の部屋」と呼ばれる、鉄道ファン向けの展示施設が併設されている浜坂駅《はまさか》で、乗り継ぎのため途中下車。施設内にはサボ（行き先標）、改札鋏《きょう》などの鉄道部品、乗車券類、古い鉄道書籍や時刻表などが並べられている。

実際に使用されていた部品は傷だらけの姿で、現役時代に頑張ったであろう証《あかし》が刻まれていた。その古傷ひとつひとつに愛おしさを感じる。

駅前には足湯もある。この地域には温泉地が多く、一帯は「新温泉町《しんおんせんちょう》」という自治体名となっている。カニの名産地としても知られており、シーズンの冬場には関西方面からも臨時列車が仕立てられるほどだ。JR西日本の「かにカニエクスプレス」は、往復乗車券に温泉とカニ料理が付いた大ヒット企画で、毎年この季節には10万人前後が利用している。私も使ったことがあり、あの時は3年分のカニを1日で食べた気分だった。

列車は日本有数の鉄道絶景スポット、余部《あまるべ》橋梁《きょうりょう》のある餘部《あまるべ》駅へ。ここは橋上から見る風景もさることながら、橋の存在そのものが絶景を形作っている。以前は、真っ赤な鉄骨の造形美が美しいトレッスル橋がそびえ立っていたが、２０１０年に現在のコンクリート橋梁に架け替えられ、展望台やエレベーターも完備された観光スポットとなった。橋の展望台からは日本海や山並み、そして眼下に広がる集落も一望することができ、鉄道写真の撮影地としても有名なポイントだ。ここは絶対に素通りしたくない駅。列車のドアが開くと、降りるよりも先に潮の香りが私を迎えに来てくれた。

橋梁の真下に降りてみる。下から眺めると、橋の巨大さを改めて実感する。明治の先人たちは、よくぞこれだけの規模の橋を作ろうと思ったものだ。

お土産店では、旧余部橋梁の橋脚の一部をカットしたものが販売されていた。

「こ、これは何としても欲しい！」。手のひらサイズなのに、鋼製でずっしりと重い。

でも、このあとの持ち運びの苦労より、物欲の方が遥かに上回った。鉄道グッズや部品のコレクションで自宅はすでに倉庫化しているが、迷わず購入することにした。やったぁ！　余部橋梁が手に入った！

小さな鉄道グッズ店もあった。ここは驚いたことに、無人店舗だった。野菜や卵の無人販売は地方でよく見かけるけれど、鉄道グッズの無人店とは初めてだ。

ここには橋梁にまつわる絵柄のスタンプが30種類以上設置されており、コアな鉄道ファンにもおすすめ。ポストカードやキーホルダーが並び、小銭がたくさん入った缶が無造作に置いてあった。無人店に立ち寄ると、いつもソワソワしてしまう。何も悪いことをするつもりはないのに、不思議である。

再び山陰本線の上り列車に乗車する。浜坂〜城崎温泉の車窓からは日本海を間近に堪能できる区間が続き、この路線で有数の景勝区間だ。車内では、鉄道にそれほど興味がなさそうな方たちも、流れゆく風景に歓喜を上げながら写真を撮影している。美しい風景は、誰もを魅了してしまうマジックがある。

豪華旅館に安く泊まれる方法

城崎温泉駅に到着したのは、18時ころ。まだ日は高い。この日のように朝早くから動き始めると、1日が長く使えて得した気分になる。

浜坂界隈と同様、この周辺もカニの名産地。そのため駅では「カニ食べに行こう」の歌詞でお馴染み、PUFFYさんの『渚にまつわるエトセトラ』が発車メロディとして流れていた。あの曲を聞くと、無意識に両腕が前に動いてしまうのは私だけだろうか。見渡すと、ホームにいる他のお客さん何人かも、両手を前後にパンチしていた。やっぱり思うことはみんな同じだ。

山陰本線はこの駅から先の京都寄りは電化されており、電車特急の「きのさき」や「こうのとり」も乗り入れて、どこか都会的な趣も感じられる。

城崎温泉には日本を代表する温泉宿泊施設が並ぶ。普段なら敷居が高いこれらの高級旅館も、シーズンによっては驚くほど安く泊まれることがある。特に狙い目は6

月。梅雨時であることと、ゴールデンウィークと夏休みの間にあたることから、この時期は観光客の総数が全国的に落ち込む。そして正にそれは今。普段ならばなかなか泊まれないような豪華旅館を押さえることができて、楽しみにしていた。

宿の入り口横には「歓迎　木村様」とあり、和服姿の仲居さんたちが迎えてくださり部屋まで荷物を運んでくれた。もうこれだけで気持ちが躍る。宿の中も高級感にあふれており、調度品はいずれも上品な造り、館内には大きな露天風呂や日本庭園もある。素泊まりとはいえ、これだけ充実した施設に1万円以下で宿泊できるのは嬉しい。オフシーズンに旅ができるのは、自由業の特権なのだ。

3年に一度の大ピンチ

ひと休みしてから、外湯めぐりに出かけることにした。城崎温泉には7つの個性豊かな外湯があって、日帰り客のみならず宿泊客も、複数の施設をめぐりながら湯浴みを楽しむのが一般的だ。建物の内外装、泉質、湯音は施設によって異なり退屈しない。

それぞれの外湯施設では、その日に一番乗りしたお客さんに「一番札」と呼ばれる将棋の駒の形をした、木製の札がプレゼントされる。なんとしてもこの札を入手したかった。城崎の外湯のうち、4つは朝7時から営業する。この一番札を狙う人は、開店の30分前には並ぶ必要があるという。

女将さんに相談してみると、車で行って誰かが並んでいたら、すぐ次の外湯へ順々に向かうことが、最も効率的だと教えてくれた。

そしてなんと、「明日の早朝に宿の送迎車で、札獲得のためにご協力しましょうか」と提案して下さった。とてもありがたい。これできっと札は確実に手に入る！　朝6時にロビー集合ということにして、早めに就寝した。

ところが……、翌朝、あろうことか私は、寝坊してしまった。3年に1回のペースで犯す寝坊を、まさかこの日にやってしまうとは大失態である。

フロントからの内線電話で目を覚ますと、待ち合わせ時間を過ぎていた。こういう時、人は思いもよらない力が発揮されることがよくわかった。消防士のように素早く、3分で身支度を整えて車に乗り込んだ。

「何とかリカバリーできた」と思ったのも束の間、人生はそこまで甘くない。寝坊のせいで遅れた数分が、致命傷となってしまった。ドライバーの方は朝湯をやっている全ての施設をまわってくれたのに、いずれも先に並んでいるお客さんがいた。

結局、一番札の入手はかなわなかった。せっかくスタッフの方に早起きしてもらったというのに、なんとも申し訳ない。

いつもならガックリと落ち込むはずなのに、私は気分が高揚していた。というのも寝坊の最中、人生で初めて富士山の夢を見ていたからだ。当初の目的を果たせなかったのに、なんだか楽しくて仕方がない。言葉では言い表せないほどの爽快感が、目覚めた後もずっと続いている。なぜ夢ひとつでここまで楽しい気分になったのか、自分でも説明はできない。ふと、富士山にお礼を言いに行きたくなった。これは夢のお告げかもしれない。

『時刻表』を開いて、今日の行き先を変更する。目指すのは東海道本線吉原《よしわら》駅。この駅すぐに、富士山が大きく見える展望台があるからだ。

在来線に揺られること10時間。そこでは、一番札をゲットできなかった私に向けて、今年一番キレイな姿でそびえ立つ「一番富士」が手に入った。

鳥取砂丘で念願の「ラクダライド」が実現！

浜坂の「鉄子の部屋」はなんと無人店舗だった

城崎温泉の外湯めぐりのうちの一ヶ所（御所の湯）

裕子のワンポイント・旅コラム③

女子鉄の恋愛学

「鉄道好きな女性」というやや特殊な属性を持つ私でも、人並みに男性とお付き合いしたことはある。だが、この趣味の精神的な世界を理解してもらうのは容易ではない。

20代のころにおつき合いした彼は、いつも鉄道の話をニコニコと聞いてくれていたが、ある日のドライブデートで豹変した。愛知県内を車で走っていると、たまたま目の前の高架を特急「ワイドビューしなの」が通りかかった。大好きな列車のため反射的に携帯を取り出し写真を撮ろうとするが、車のスピードが速くて上手く撮れない。そこで「もう少しゆっくり走って欲しい」とお願いすると、彼は何らかの限界を感じたのだろう。私の手から携帯を奪って車の窓から外に投げつけ、ケンカが勃発してしまった。それ以来、お相手には鉄道趣味への許容範囲を少しずつ探り、そのボーダーラインを超えないという術が身についた。

その許容範囲を知るための、もっとも的確な質問はこれだ。「旅行での列車移動は、何時間なら楽しめる？」と聞くこと。そこから相手の興味があることをリサーチして、それに沿った場所を旅の行程に組み込んでプランを提案する。この方法で失敗したことはない。

未成線と軽便鉄道がよみがえった！
井原《いばら》鉄道井原《いばら》線

木村鉄道株式会社へようこそ

「妄想鉄道《もうそうてつどう》」を楽しむ鉄道ファンのカテゴリー、〝妄想鉄〟をご存じだろうか。これは、言葉の通り、実在しない鉄道会社を妄想の中で運営して遊ぶというもの。人によってタイプはさまざまで、実際にある路線をベースにして新線を架空でつなげたり、鉄道会社そのものを一から作り上げて、理想の世界を細かく設定する人もいる。

そんな私も妄想鉄の一員で、脳内で「木村鉄道《きむらてつどう》株式会社」を経営しており、代表取締役社長を務めている。

最初はネット上で、たわごとのように発信していた。するとファンの方から「木村鉄道の社員になりたい」と言ってもらえることが増えて、なかには立派な履歴書を持参してくれる人まで現れた。そこで実際に社員を募集したところ、なんと一気に200名を超える社員をかかえる「大企業」になってしまったのだ。

こうなると、私の妄想はもう止まらない。自己申告制なので誰でも社員になれるが、ブログ上で昇進試験を開催して、合格すると「有給休暇」がもらえたり、バーチャルの社宅が大きくなったりする。規模が大きくなったので、子会社として旅行会社も経営したくなり、現実世界で「国内旅行業務取扱管理者」という国家試験も取得した。この妄想を叶えるために、人生最長の勉強時間を費やしてしまった。

「嘘も百回言えば真実になる」と聞いたことがあるが、これは本当だと思う。木村鉄道はどんどん現実化されていき、ついには実際に、年に2回の「社員旅行」を実施するまでになった。妄想会社の妄想社長と妄想社員が、実際にある鉄道会社へ「視察」というかたちで乗り鉄へ行くファンツアーだ。

妄想を現実にするため、募集は近畿日本《きんきにっぽん》ツーリストにお願いして実施している。定員は少人数で30名ほど。コンセプトは「普段お金を払っても絶対にできないことをやる」というもので、社長の私が内容交渉から行路の作成もしている。これは日本全国を旅したときに出会った人や、お仕事でお世話になった鉄道会社の方々との人脈を駆使して作る、究極の〝乗り鉄〟だ。

過去には、青森県の弘南《こうなん》鉄道でラッセル車に乗っての運転台操作や、実際に設置される用の踏切の棒（遮断桿《かん》）を作ったり、兵庫～岡山～鳥取県を走る智頭《ちず》急行《きゅうこう》では、社員さんが起床時に使用している目覚まし時計の「起こし太郎」体験を宿舎のベッドで行ったり、熊本県の熊本電気鉄道《くまもとでんきてつどう》では、線路と枕木を固定する釘を打つ「犬釘打ち」体験などを実施し、鉄道ファンの参加者はいつも目を輝かせて喜んでくれている。行き先はこのツアーで少しでも役に立てるようにと、必ずローカル線で、赤字などで困っている路線に決めている。２０１９年３月に行った第16回目は、前年の７月に起きた西日本豪雨災害の復興支援を兼ねて、２泊３日で岡山県の井原鉄道と片上《かたがみ》鉄道《てつどう》（1991年廃線、現在は保存鉄道）をまわることにした。

井原鉄道はこの豪雨で全線が運休し、4日後に三谷《みたに》〜神辺《かんなべ》間が復旧したものの、岡山県倉敷市真備町《まびちょう》にある総社《そうじゃ》〜三谷間では信号などの設備が浸水したため、バス代行が続いて、約2カ月後の9月にようやく全線が復旧した。

岡山県の総社と広島県の神辺を結ぶ全長約40キロの第三セクター鉄道で、国鉄未成線を引き継いで1999（平成11）年1月11日に、20世紀最後の鉄道として開業した。最初の営業列車の出発式は11時11分11秒と〝1〟づくし。ゾロ目の数字についつい惹かれてしまう私にとって、この開業日はトキめいてしまう。

ツアーへは全国から参加者が来てくれるので、現地集合・現地解散となることが多い。このときは、井原鉄道起点の総社駅を集合場所とした。普通の人なら「そうじゃ」と言われても、なかなか来られない。

しかし、そこは鉄道ファン。参加者たちは総社駅にたどり着くまで、いろいろな経路を選択して、楽しんでやって来る。もちろん、迷った人は誰もいなかった。

人名駅がズラリと並ぶ

スタートとなる総社駅は静かなローカル駅で、ここから貸切列車に乗る。乗車前に一眼レフを構えた鉄道ファンが、ホームに止まる列車に向けて一斉にシャッターを切っていると、運転士さんが特別に方向幕をグルグルさせてくれた。1コマ1コマ動くたびに歓喜が上がる。「どの表示がいい？」と運転士さんに聞かれリクエストを伝えると、横並びの列車を「臨時」と「団体」のセットにしてくれた。ツアー開始早々に、全員のテンションは最高潮に達する。

乗車して総社駅を発車すると、ボランティアの観光案内の方が車窓案内をしてくださった。総社から次の清音《きよね》までは、ＪＲ伯備《はくび》線との重複区間になるが、鉄道会社は別の扱いになっている。清音を出て、下りの伯備線を跨ぐような形で高架が始まる。井原鉄道は新線のため、大半は高架で見晴らしが素晴らしく、ロングレールが使用されているので、揺れも少ない。私たちは軽快に吉備路を走っていく。

伯備線と分かれると、すぐに線内最長の高梁川橋梁《たかはしがわ》を渡る。716メートルあって弧を描くようにカーブしているので、迫力がある。この美しい流れが、西日本豪雨では〝暴れ川〟に変貌し、支流の小田川《おだがわ》との合流地点だった沿線の倉敷市真備町を濁水で呑み込み、町の約3割が冠水した。その被災の様子も、地元の案内人が解説してくれた。浸水は高架上の駅まで達したところもあり、次の川辺宿《かわべじゅく》駅付近には、今もその爪痕が残っていた。

すでに半年以上経っているのに、仮設住宅やブルーシートで屋根を覆う家が目立つ。自身が過去に同じような経験をしていれば、こういうときにどう振る舞ったり、どんな言葉をかければいいのかわかるものの、私は幸いにも被害に遭ったことがない。そのため、かける言葉のひとつも出てこないし、部外者で何もできないことに、もどかしさを感じてしまう。

そんな私を察してか、災害を目の当たりにしている地元案内人が「実際に行って、見て、状況を誰かに伝えることも大きな支援になるんだよ」と教えてくれた。

関西からの参加者に実家の屋根が吹き飛んでしまった方がいて、それでもこのツアーに参加してくれた。そんな大変な状況のなか、なぜ来てくれたのかを聞くと、「復興作業に疲れちゃって。特別な乗り鉄をしてリフレッシュするために、元気をもらいに来たよ」と返ってきて驚いた。

普段の乗り鉄では、沿線の方に「乗り鉄に来てくれてありがとう」なんて歓迎されることはないのに、このツアーでは現地で会う人みんなが「ありがとう」「ありがとう」と声をそろえて言ってくれる。このツアーでは、参加するだけで誰かを幸せにできる乗り鉄を経験できるのだ。

各駅の駅名標の下には、周辺の名所や特産物が描かれている。これは岡山県立総社南高校・美術工芸科の生徒の作品ということで、地元民の地域への愛着がうかがえる。どれも立派なイラストで、とても高校生の作品とは思えないクオリティだ。私も仕事で列車や車内の解説をするために絵を描くことがあるが、「幼稚園児のお絵かきみたい」と揶揄《やゆ》されるので、見習いたい。

次の吉備真備《きびのまきび》駅は西日本豪雨で冠水した駅であるが、旧真備町の中心駅である。北側に旧役場の真備支所があって、奈良時代の貴族で遣唐使もつとめた吉備真備の故郷であることから、人名がそのまま駅名になっている。

そういえば岡山県内の智頭急行には、戦国時代の剣豪にちなんだ宮本武蔵《みやもとむさし》駅や、JR伯備線には幕末の儒学者・山田方谷《やまだほうこく》にちなんだ方谷駅もあって人名駅が並ぶ。

おそらく鉄道ファンなら自分の苗字と同じ駅名を探したことがあると思う。残念ながら、木村駅は存在しない。そのため妄想の木村鉄道には木村駅を作り、乗客の「木村さん」は乗車代が無料という規定がある。我が社は、全国の木村さんを全力で優遇する路線だ。そんな私の将来の希望は、存在する駅名と同じ苗字を持つ男性と結婚すること。欲を言えば、変わった苗字の方だと嬉しい。雄信内《おのっぷない》さん（JR宗谷本線）とか、大隅大川原《おおすみおおかわら》さん（JR日豊本線）とか……。

吉備真備駅を過ぎると左手に小田川がぐっと近づく。川辺宿から井原《いばら》の手前まで鉄道と並行して流れているが、新線のためそれほど川沿いを走るわけではない。けれども次の備中呉妹《びっちゅうくれせ》駅までは、緩やかな流れとともに走ることができる。

この先はいったん平野が途切れ、線内最長の940メートルある妹山《せやま》トンネルと谷《たに》藤《ふじ》の2つのトンネルをくぐり、三谷を過ぎて茶臼山《ちゃうすやま》トンネルを抜けると矢掛《やかげ》町の中心・矢掛駅だ。旧山陽道の宿場町と知られていて、駅舎も宿場町を意識した和風建築になっている。

「矢掛宿《やかげしゅく》は駅から南へ徒歩10分のところにあり、本陣、脇本陣、やかげ郷土美術館などの江戸時代の見どころがたくさんあります」

観光案内人の解説が入る。素通りするにはもったいないほど、沿線には見どころがあふれている。矢掛から小田《おだ》を過ぎ、短いトンネルを2つ抜けて井原市に入ると、右手に井原鉄道の本社が見えてきた。ここがツアー初日のメイン会場。鉄道ファンにとっては魅惑の詰まった車両基地も置かれて構内が賑やかに見える。貸切列車はこのまま本社最寄りの早雲《そううん》の里荏原《さとえばら》駅で停車して、スイッチバックの形で折り返し、進行方向が逆となって本社の車庫へと向かう。車庫に入る手前では、列車に向かって「歓迎」の横断幕を持って社員総出で待ち構えてくれて、思わぬ出迎えに私も参加者と一緒に大きく手を振って全身で返事を送った。

車庫まで乗って保線体験も

本線から車庫まで乗れることも、鉄道イベント以外では稀な特別な内容ではあるが、木村鉄道のすごいところはここから。普段のイベントでもできない体験が今から始まる。まずは線路検測。名づけて「井原鉄道のドクターイエロー」体験である。

ドクターイエローといえば、最新機器が詰まった黄色い新幹線がビューンと走りながら点検する様子を思い浮かべるが、ここの検測車はなんともアナログだった。ノートパソコンを載せている台に棒がつながっていて、それを手で押して人力で進んでいくのだ。まるで犬の散歩をしているかのよう！

でも、この機械がものすごく精密で、ミリ単位で高低差やズレなどの線路状態がわかるようになっている。保線区の人はこれを持って夜な夜な暗闇の線路を検測しているとのこと。真っ暗闇のなか、鉄橋やトンネルも歩いて作業をするなんて。私なら怖くて足がすくんでしまうだろう。全員が順番で一人一人検測の体験をしていった。リアルタイムに線路の高低差がパソコン画面に数字で表示される。なんて優秀な機械なの！　さっきは「犬の散歩みたい」とのん気なことを言ってしまったが撤回する。これは、まるで東大生との手つなぎデートだ。

次に、レールを持ち上げる体験。テコの原理を応用したジャッキを使うと、とても重いレールが誰でも一瞬で簡単に持ち上がった。これは一家に一台欲しい。これがあれば冷蔵庫の下に物が落ちてしまっても、簡単に取り出せる。

車庫に戻って、車両の手押し体験。列車を1人の力で動かしてみようというものだが、さすがに何十トンもある車両を動かせると思えず、全員が一番手を遠慮してしまった。そこで社長である私が、実験台として挑戦することにした。社員の声援を受けながら、ありったけの力を手のひらに集めて、思いっきり押す。すると、ゆっくりと車両が動いた！　レスリングの吉田沙保里さんになった気分だ。それを見て安心した男性参加者らも順番に挑戦し、無事、動かすことができた。女社長に必要なものは、「愛嬌よりも度胸」だと思う。

そして保線用のモーターカーに乗ったまま列車への連結作業。これは井原鉄道始まって以来、初の気動車との連結となった。つながる瞬間を真上から見下ろす。もうこれだけでも十分すぎる内容だけど、まだまだ特別は終わらない。

このツアーで一番の目玉である冷房ファンの組み立て作業。1人1台ずつモーターをはじめとする10個ほどの検査した部品を、いろいろな工具を使って組み立てていく。しかし、教えてもらった通りにやっているのに、なかなか上手くはまらない。完成すると電気を流して動作チェックをし、組み立てが間違っている場合は異音がする。私のものは「キュルキュル」と異音がしてやり直しとなった。

最終的にはプロの方に組み立ててもらう人もいたが、今回組み立てたものは「やすらぎ号」にそのまま取り付けられて次の検査の4年後まで使用される。自分たちが携わったものが実車に生かされるとは感動しかない。

最後は帰りのきっぷ（補充券）の「早雲《そううん》の里《さと》荏《え》原《ばら》駅～清音駅」までを各自で作らせてもらう。自身の手書きで作ったものは世界にひとつしかなく、もちろん使用後は記念に持ち帰ることができる。これらは全て、ローカル鉄道ならではの心の広さから体験できたことであるが、このツアーを15回もやっていると、逆に全国の鉄道会社からのオファーもあって、ありがたいことに候補地もストックがたまっている状態である。

ゴボウを味わいデニムを履く

今回のツアーでは、翌日の日程から早雲の里荏原駅から折り返してしまったが、過去に全線乗っているので、この先の区間も少し紹介したい。早雲の里荏原は戦国武将の北条早雲《ほうじょうそううん》の故郷にちなみ、駅前に早雲の像が立つ。早雲像は東海道本線小田原《おだわら》駅西口にも立っており、関東へ下向して小田原城を拠点に関東一円で勢力を拡大した。

当地から遠く離れた関東で覇者となった早雲。僭越《せんえつ》ながら、鉄道アイドルとして上京し、希望に満ち溢れていた若きころの自分とオーバーラップする。

ここから西へ小田川を渡ると、次は井原鉄道最大の駅・井原《いばら》である。井原市の中心地で本社がここにないのは意外だが、当駅発着の列車もあって唯一の直営駅である。そして駅ナカ食堂として、井原特産のゴボウを使った、〃いばらーめん〃や〃ごんぼうバーガー〃が味わえる『加門』がある。ゴボウのシャキシャキとした歯ごたえと食感が、麺やバーガーにとてもマッチしておススメだ。

また、井原市はデニム生地の産地で、ジーンズの加工・縫製工場が集まり、駅ビルにも井原デニムストアが入って、デニムミュージアムを併設している。さらに「中国地方の子守唄発祥の地」として知られていることから、2つ先に子守唄《こもりうた》の里高屋《さとたかや》駅もあり、駅前には華鴒《はなとり》大塚《おおつか》美術館がある。

ここから先は広島県に入り、御領《ごりょう》、湯野《ゆの》を経て、JR福塩線に合流して終点の神辺《かんなべ》である。福山《ふくやま》方面のJR線とは接続がよく、一部の列車は福山まで乗り入れている。

知られざる復活鉄道の足跡

木村鉄道ツアーを行っていて毎回感じることは、敬遠しがちな鉄道ファンを、どこの鉄道会社も歓迎してくれること。無茶な提案を真剣に受け入れてくださり、普通なら絶対にやらせてもらえない「貴重な体験」をプレゼントしてくれる。ローカル線ならではの人々の素朴な温かさ、おおらかさ、寛大さを感じ取ることができた。だけど、あまりの親身なもてなしに楽しかったと思う半面、別れが辛くなって、帰り際に表情を曇らせる参加者もいる。その筆頭はいつも私だ。けれどもそれは「また来たい」という、リピーター心につながってゆく。

後日、鉄道に詳しい参加者が、「井原鉄道は言わば復活鉄道で、以前は井笠《いかさ》鉄道という名前で軌間762ミリの軽便鉄道（ナローゲージ）が神辺～矢掛間を走っていたんだよ。それがモータリゼーションに押されたのと、国鉄井原線の建設用地に譲る形で、この区間は1967年に廃止された。だから32年ぶりの復活だったんだよ！」と教えてくれた。

もちろん私がまだ生まれる前の話だが、廃止された鉄道が復活していたという事実は嬉しい限り。そして廃線跡も一部残っていて、旧新山《にいやま》駅舎は笠岡市井笠鉄道記念館として大正時代に作られた機関車や客車などと一緒に保存・公開されている。2012年に井笠鉄道がバスから撤退し事業清算に入った時に記念館も存続が危ぶまれたが、笠岡市と新山地区自治会の管理下になって2014年3月にリニューアルオープンした。井原鉄道だと小田《おだ》駅が最寄となり、徒歩で約1時間かかるが、バスで行く手段もある。いつかそんな昔の鉄道にも思いを馳せてみたい。

木村鉄道は、妄想鉄道として右肩上がりの業績を上げている。妄想鉄道の一番の利点は、「もしもこんな鉄道があったらいいな」が全てかなうところだと思う。

鉄道ファンならではの、やってみたいことを提案してほしい。それらを交渉して実現させるのが、社長である私の仕事だ。

あなたのその夢、木村鉄道が叶えます。

かつては日本最西端を誇っていた松浦《まつうら》鉄道西九州《にしきゅうしゅう》線

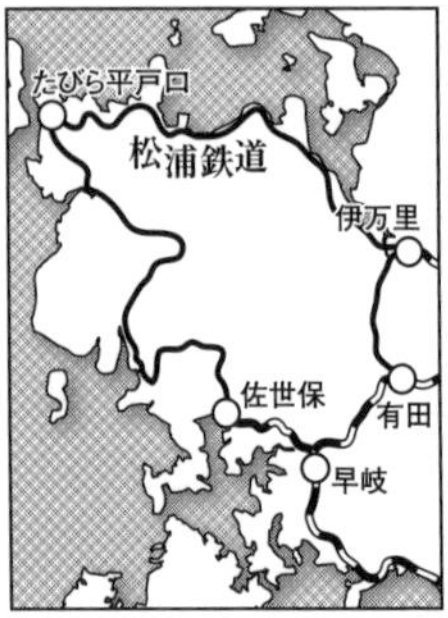

ただ者じゃないきっぷ

九州西部の一番奥にあたるエリア。地形に沿ってぐるっと走る松浦鉄道は、大陸文化やキリシタン文化が残り、どことなくエキゾチックだ。

ここへは「旅名人の九州満喫きっぷ」を使って訪れた。このきっぷには何度もお世話になっており、そのたびに只者じゃないと感じている。ＪＲ・第三セクターを含む九州の鉄道全線の普通・快速列車が、３日間（３回分）乗り放題で１万１０００円という破格値。しかも通年使えるので、青春18きっぷ以上の使いやすさもある。名前の通り、これ1枚で九州を大満喫できるのだ。

ただ、以前は前日までに購入が必要だった。注意事項をよく読まずに九州へ向かってしまい、博多駅のみどりの窓口で当日すぐに使えないと知ったときに、顔面蒼白になったという失敗談もあるが、現在は購入日から有効となったので、さらに使い勝手がよくなった。

第三セクターが自由に乗り降りできるのは、かなりおトクだ。もしあなたの周りの鉄道ファンが何かに落ち込んでいたら、このきっぷをプレゼントしてあげてほしい。きっと水を得た魚のように、瞬時に復活すると思う。私もこのきっぷを手に、ここぞとばかりに九州の路線を泳ぎつくした。

このときもそうだ。羽田から飛行機で鹿児島《かごしま》空港へ飛び、鹿児島中央《ちゅうおう》から肥薩《ひさつ》おれんじ鉄道を経由して、大牟田《おおむた》から未乗だった西鉄・甘木《あまぎ》鉄道と乗りつぶし、JR長崎・佐世保線で松浦《まつうら》鉄道起点の有田《ありた》へ移動。異なる鉄道会社を乗り継いでも、このきっぷを提示すれば乗れるなんて、水戸黄門さまの印籠《いんろう》に匹敵すると思う。

有田～伊万里《いまり》間は過去に乗車済みのため、夜に乗って伊万里にとった宿へ移動。外は真っ暗で駅前の様子はわからなかったが、翌朝にあらためて見渡すと駅周辺には伊万里焼のオブジェがたくさんあったことに気づく。ホームにはカラフルな焼物の欠片《かけら》がたくさん埋まっていて、朝日に照らされてキラキラしていた。

そういえば以前、ＪＲ筑肥《ちくひ》線の伊万里駅を訪れたとき、ホームの駅名板を見ると陶器製だった。「さすが焼き物の町！」と、初めて触れる伊万里焼に感激し写真を撮っていると、駅員さんが近づいてきて「それ、伊万里焼じゃない偽物だよ～。ローカルの駅だから予算が少なくてね。ウチは松浦鉄道さんより貧乏。あっはっは～」と、サラッと自虐ネタを披露してくれたことがある。天下のＪＲの社員とは思えぬその発言に、一気に筑肥線が好きになった。

松浦鉄道では２０１３年ごろまで、イベント列車の「伊万里牛バーベキュー列車」が走っていた。ボックス席の各テーブルにホットプレートが置かれ、特上の伊万里牛を車内でＢＢＱのように食べる楽しい列車で、ゆるキャラの「いまりんモーモ」もホームで出迎えてくれた。理由はわからないが、2019年11月現在は運転されてないのが、とても残念に思う。ぜひ復活して欲しい列車の一つである。

河童のミイラに遭遇

松浦鉄道の伊万里駅は、JRとは道路を一本挟んだ位置にある。国鉄松浦線だった時代は一つの駅だったとのこと。ちなみに、そのころは松浦線にも、博多方面から直通する列車があったという。

ホームで待っていたディーゼルカーに乗ると、車内には沿線の幼稚園児と小学生が描いた列車の絵で、吊り広告部分が埋まっている。中には、車両に付いている冷房機器や窓のちょっとした違いまで細部にこだわって描かれた、鉄道愛あふれる作品もある。その表現力から、その子の鉄ヲタ度がわかっておもしろい。眺めていると、1両だけの列車はディーゼルカー特有の大きなエンジン音を上げて出発した。

伊万里の次の東山代《ひがしやましろ》駅は、昔使用されていた駅舎が民家になっている。雨戸が閉まっていて家の中は見えないが、リビングらしき位置にある窓の外はホームという造り。列車が駅に停車したときに家を出ても、乗り遅れの心配はなさそう。駅徒歩0分のうえに、自宅から車内まで3歩ほどで行けてしまう。都会の高級タワーマンションよりも、こんな家に憧れる。

最初に降りたのは楠久《くすく》駅。北へ徒歩5分の「松浦一酒造《まつうらいちしゅぞう》」へ。ここに来たかったのは、カッパのミイラが祀《まつ》ってあるからだ。ことの真偽を問うつもりは全くない。そんなことよりも、そこに実在するという部分にフォーカスを当てた方が何倍も楽しい。

「おはようございます。河童を見に来ました!」と、受付を済ませる。この日の見学者は私ひとりで、蔵元の田尻さんがマンツーマンで解説してくれた。

「この家には先祖代々の言い伝えで、変わったものがあると言われていたんですが、それが何かはわからなかったんです。1953年に蔵の修繕をしたとき、大工さんに「梁《はり》の上に箱がある」と発見され、開けるとこれが入っていました。手の指が5本・

足には水かきが付いた3本の指、頭には皿が乗っかっていました。さらに調べると、『河伯（かっぱ）』と墨書きされた紙が見つかり、九州はカッパ伝説があることから、間違いないと断定。カッパは水と関係する生き物で、お酒も水に関わるため守り神として祀ってあります。噂を聞いた有名大学の研究者など、全国から真実を確かめに調査に来る方もいますが、丁重にお断りさせていただいています。真偽よりも、目の前にあることが全てだと信じているからです」

説明を聞いて、その考え方に心の底から共感してしまい、田尻さんと熱い握手を交わしたのだった。

河伯が祀られている蔵には、多数のカッパコレクションや昔の酒造道具、農機具なども展示されている。田尻さんはカッパが大好きなようだ。そこで、JR久大《きゅうだい》本線・田主丸《たぬしまる》駅の駅舎はカッパの形をしていて可愛いと伝えると、目を輝かせて「ぜひ行きたい！」と喜んでくれた。展示スペースは自由に見学でき、事前に予約すれば蔵の案内もしてもらえる。

楠久をあとに再び列車に乗り込む。このあたりでは右窓に風光明媚な伊万里湾が飛び込んでくる。佐賀県最後の駅・浦ノ崎は約90本の桜が植樹され、「桜の駅」として知られている。開花期になればピンク一色に染められ桜のトンネルをくぐるのだろう。沿線は当駅以外にも桜や菜の花が至るところに植樹・栽培されており、春先にもう一度訪れてみたくなった。

女性駅長の長年の夢をかなえる

長崎県に入っても、玄界灘が見え隠れする。長崎県は離島が多いので、ところどころの港からフェリーが発着している。船が行き交う青く澄んだ海を眺めながら、物思いにふけっていると、この旅のハイライトである日本最西端のたびら平戸口《ひらどぐち》駅に着いた。ホームで駅名標と自撮りしていると、女性駅長（当時）の大石文子《おおいしふみこ》さんが私のところに走ってきて「お撮りしましょうか?」と声をかけてくれた。鉄道が好きで来ましたと伝えると、「たくさん写真を撮っていってね。シャッターを押して欲しいときは声をかけてね」と言ってくれる。女神なのか。

駅構内で撮り鉄をしながら駅長さんを見ていると、休む暇もなくとても忙しそうだった。案内放送直後に、腰の曲がったおばあちゃんに駆け寄って手を引いて歩き、列車出発時には深々とお辞儀をして見送っている。どれも女性ならではの気遣いと、視点にあふれている。ベンチにいたカマキリを見つけたときは、手でヒョイと捕まえて草むらへ逃がしてあげていて、昆虫図鑑すら触れないほど虫が苦手な私には、絶対マネできないと感銘を受ける。

「この町はいろいろな種類の虫がいて、毎日駅に遊びに来てくれるのよ」

と、虫までお客さんとして扱っていた。

駅ノートの扱いもすごかった。自由気ままに書く足跡帳ともいえる駅ノートは、全国のローカル駅ではお馴染みだけど、それは一方通行がお決まり。

でもここは、書き込んだ内容に、駅長さんが赤ペンでお返事をしてくれる。もう驚くしかない。主に地元高校生が書くそうで、なかには恋の悩みなんてのもあって、交換日記のように使われていた。

学校をサボる子供たちを立ち直らせたことや、旅行客の自殺を思い止まらせたこともあったという。もう何冊目になるか分からないが、この駅ノートには語り尽くせないほどの「人生劇場」が集約されているのだろう。

駅舎内には鉄道資料館があり、国鉄時代の駅名標、JR松浦線のさようならヘッドマーク、車両の部品やタブレット閉塞器などが、所狭しと展示されている。ここで硬券入場券と「日本最西端の駅訪問証明書」を購入した。

ふと本棚に目を向けると『ダイヤに輝く鉄おとめ』(矢野直美著/2010年刊/JTBパブリッシング)の本があった。これは、全国の鉄道に携わる女性社員50人を紹介するもので、実は私も取材を受けて、この本の表紙に載せてもらっていた。普段は乗り鉄先で名乗ることはほとんどないが、思わず自己紹介をしてしまった。すると大石駅長は、「ああ、やっぱり！　似てるなぁ～と思っていたんですよ」と、私のことを知っていてくれた。「実はこれ、私も取材を受ける予定だったの。でも取材日に急用が入って行けなくて……。一生に一度、あるかないかのことだし、本に載りたかったなぁ～！」

と言うので、「わかりました！　いつになるかはわかりませんが、必ず私が大石さんをなにかの本に写真付きでご紹介します！」と約束した。その約束が、いま本書で果たせることになったのである。大石さん、その節はたくさんの温かいおもてなしをありがとうございました！

美味なエイリアンに舌鼓

駅の外へ出ると、異彩を放つオブジェが目に飛び込んできて、「何これ！?！?」と思考回路が一瞬停止する。高さ10メートルを超える巨大カマキリが、貨車にまたがってこちらを睨む。その横には、巨大カマキリを小さなタモ網で捕まえようとしているマネキン人形。なんとも個性がとがっている。

頭の中が整理できないので、これを作った人の制作意図を想像することにした……。いや、全くわからない。しばし考えてみたが答えは出ないし、次の列車の時間も迫っているので、腑に落ちないままランチへ向かうことにした。するとこのあと、残ったモヤモヤが思わぬ展開で晴れることとなる。

ランチは地元名物のうちわエビが食べたくなり、事前に調べておいた海に近い食事処の「萬福」へ。ここはお刺身定食のお刺身が、無制限でおかわりできるメニューが1700円（税別）からある。人気店のようで、4組待ちでカウンターに通された。うちわエビとはその名の通り、団扇《うちわ》のように丸く平たい顔をしていて、エイリアンを思わせるグロテスクな姿態。しかも、どこから殻を剝いてよいかわからず、肝心な身がなかなか取り出せない。悪戦苦闘していると、見かねた大将が教えてくれた。そのお味は異様な姿とは裏腹に、カニのように濃厚でとても美味しい。

あまりの美味しさに、オーバーなレポーター風に絶賛してしまった。その食レポを笑いながら見る大将と話が弾み、鉄道が好きで松浦鉄道に乗りたくて東京から来たと伝えると、「駅前のカマキリ見た？　あれ、俺が作ったんだよ！」

と、まさか、たまたま訪問した店で、作者と出会ってしまった。それと同時に頭の中で「チュクチュ〜ン♪　あの日　あの時　あの場所で〜」の名曲、小田和正さんの『ラブ・ストーリーは突然に』が流れた。

乗り鉄でいつも思うこと。もしこの日、この場所に来なければ、という突然が、私には仕組まれたように多すぎる。もしかすると旅先での出会いも、鉄道ダイヤのようにあらかじめ緻密に組まれていて、無意識に動かされているのかもしれない。

そしてあの謎のオブジェの疑問が氷解していく。

「松浦鉄道を盛り上げたくて、来た人を楽しませたくてね。ここ田平《たびら》は約4000種類の虫がいる昆虫の里。それをPRするためのカマキリで、次はトイレの上に巨大カブト虫を作ろうと思ってるよ」

この町が「昆虫の里」ということを初めて知った。隣の西田平《にしたびら》駅から徒歩25分の場所に「たびら昆虫自然園」があり、約3000種の昆虫が園内に生息しているそうだ。昆虫が苦手な私は、その数を聞いただけで背中がピクンと動いてしまった。大将は続ける。

「松浦鉄道、どうにか活性化させたいんだよね。地元の人が便利な車移動を選ぶことは、仕方がないこと。だから外からお客さんを呼びたくて、何か策がないかとアイディアを出すんだけど、なかなかうまくいかなくてね……」

ローカル線でアイディア策がヒットする背景には、必ず2つの共通点がある。まず1つ目は、どこよりも最初にやったことだ。そして2つ目。アイディアを出し続けて、失敗しても次々とやり続けること。この2つが揃ったとき、必ず鉄道の神様は微笑んでくれる。

私はそれを、実際に全国へ足を運んで見てきたので知っている。

「大将がこの板前姿で乗って、車窓や地元アナウンスをしながら、このお店のお料理を出す『お刺身食べ放題列車』なんてどうですか？　いまならまだどこもやってないから、話題になると思います！」

と、その場で思いつきのアイデアを話したら、「おおっ！　それいいねぇ〜」と威勢のよい返事が飛んできた。駅前のぶっ飛んだオブジェを作ったほどの大将だ。将来もっとぶっ飛んだ企画が生まれそうな予感がする。

あごが外れる大きさのバーガー

駅に戻って、大石駅長に別れを告げて再び列車に乗り、中佐世保《なかさせぼ》駅で下車。ここは隣の佐世保中央《させぼちゅうおう》駅まで200メートルしかなく「日本一短い駅間」となっている。歩いて往復し、さらに終点の佐世保まで乗車して松浦鉄道を完乗した。

締めくくりにご当地グルメの佐世保バーガーをいただく。子どもの顔ぐらいありそうな特大サイズ。持病の「顎関節症」をつい忘れて、思いっきり口を開けパクつこうとすると、ガクンとアゴがはずれるハプニングに襲われた。でも大丈夫。長年付き合っている症状なので、医者に教えてもらった通りに戻して、リスのように少しずつ食べ進めた。

新鮮な野菜と独特のソースに、肉の旨味がぎっしり詰まったパティが三位一体となって、ペロリと平らげてしまった。店によって味が異なり、『SASEBOバーガーマップ』には25店舗以上も載っている。ハンバーガー好きには、たまらない街だ。

松浦鉄道も佐世保バーガーのように、知れば知るほど旨味がぎっしり詰まっていると感じた。昔ながらのほっとする風景が残っていること。海の美しさはトップクラスで、車内からでも海底が見えてしまう透明度であること。その風光明媚《ふうこうめいび》さでは「北の五能線、南の松浦鉄道」と称したくなるほどで、西の横綱格だと思う。

カッパのミイラやたびら平戸口の女性駅長、カマキリの巨大オブジェ、うちわエビなど、あちこちに驚かされることがいっぱいあった。

もし松浦鉄道に愛称をつけるなら、「ビックリ箱鉄道」だ。

たびら平戸口の大石駅長、約束は果たしましたよ！

貨車にまたがる巨大カマキリのオブジェがシュールな雰囲気

最後の延伸になるのか？
南国の香り溢れる　ゆいレール

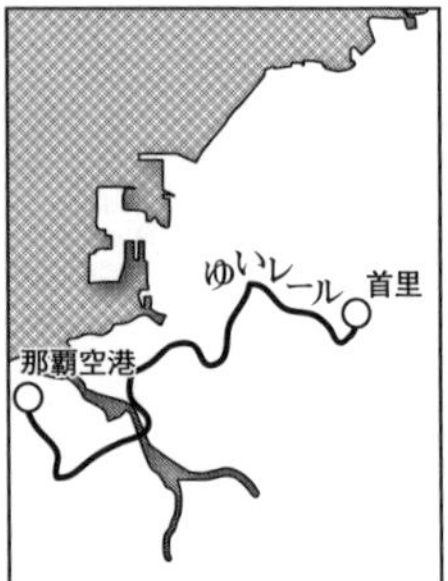

行かないと負け!?

飛行機もバスもフェリーも、私にとって敵ではない。鉄道だけじゃなく、動く乗り物すべてが好きだ。

幼少期のころは三輪車にハマっていた。そして、動く乗り物の宝庫である公園は、私にとってパラダイスだった。特にブランコが好きで、小さな体に受ける体感速度は時速300キロの新幹線のように思えた。そのころの楽しさが大人になった今も忘れられず、人目の少ない深夜に、しばしばブランコを漕ぎに行くこともある。それで職務質問に2回も遭ったけど……（笑）。

父親が長距離トラックの運転手をしていたことから、助手席にはよく乗せてもらっていた。そのときの流れる景色が好きだったのも、乗り物好きになった要因かもしれない。そのためLCC（格安航空）も夜行バスも、乗り鉄の旅では積極的に取り入れている。

特にLCCを乗り鉄の行程に取り入れると、ものすごい武器となる。青春18きっぷシーズンは、都内の自宅から羽田空港（浜松町・品川）・成田空港までJRで行って、飛行機で地方へ飛び、そのまま現地でもこのきっぷを使うと、最大限の有効活用ができて勝ち組になったような達成感がある。

あるとき何気なくLCCのウェブサイトを見ていると、セールで平日の成田～那覇《なは》間が片道たったの1980円だった。これは「行かないと負け」のような気がして、即、往復購入。新幹線も大特価セールがあったらいいのにな、と思う。

平日に旅ができるのは、自由業の特権だ。衝動買いができたのもスケジュール調整がしやすいタレントならでは。さらに私の場合、「乗り鉄へ行きたいから、1週間お休みをください」と言っても、「いいね！　ネタ仕入れも兼ねて行ってらっしゃい」と、一般的にはありえない申請なのにむしろ歓迎されて通ってしまう。そのおかげで、ついに未乗区間だった沖縄都市《おきなわとし》モノレール・愛称ゆいレール乗りに行けることになった。沖縄の観光雑誌を読みあさり、出発の日を指折り数えていた。

本州の鉄道がなぜここに？

那覇空港に着くと1月なのに暖かく、半袖でいいくらいの陽気。今朝の東京の風はあんなに冷たかったのに、同じ日本でも別世界の楽園に来たみたいだ。

まずは、那覇空港から徒歩10分の「ゆいレール展示館」へ。展示館は本社の中にあり、警備員もいない門を通ってゆく。

「勝手に入っていいのかな？」と、おそるおそる境界線に右足だけを入れてみた。何も起こらない。入り口から、沖縄らしい自由と大らかさを感じたが、この解放感は入り口だけではなかった。車庫はシャッターが開いていて、中が丸見えだ。作業員さんも誰もいない静かな空間で、分解された床下機器やゴムタイヤや車体が並ぶ。ふと、この車庫も入れてしまうのではないかという気持ちがよぎったが、さすがに自制して、遠くから観賞した。

展示館も人がおらず、貸切状態だ。展示数が400点以上もある館内のラインナップはおもしろさが詰まっていた。Nゲージコーナーには、ディーゼルの特急つばさ・ボンネットタイプの車両。きっぷコーナーには、豊橋鉄道《とよはしてつどう》の記念きっぷや小田急《おだきゅう》のフリーきっぷ。サボや愛称板コーナーには、京浜東北線の東十条《ひがしじゅうじょう》駅の行き先表示板や、特急「はつかり」の乗車口案内板など、沖縄以外の鉄道グッズのお宝が目白押し。本州と線路はつながってないのに、展示館からは全国へつながっていた。

なかでも一番貫禄があり、見入ったのは大阪〜鹿児島間を結んでいた寝台特急「なは」のヘッドマークだ。この列車は、当時アメリカ占領下に置かれていた、沖縄県那覇市が名前の由来となった。走行区間にない地名が列車名となった珍しいブルートレインだったけど、今こうしてこの地に掲げられている。

「なは」のヘッドマークが、「ナハナハ」と笑っているように見えた。

那覇空港に戻り、いよいよゆいレールの那覇空港駅へ。ターミナルビルから駅までは屋根のある歩道橋が続いている。途中には動く歩道もあって、荷物が多くても安心。改札横には、「日本最西端の駅」の碑が立っていた。

駅ナカには35コーヒーという、見慣れないコーヒーショップがあった。お店の人に聞いてみたところ、沖縄の珊瑚《さんご》の成分が入ったコーヒーとのこと。珊瑚ってどんな味がするんだろう? 帰りにお土産として買ってみようかな。

券売機でフリーきっぷを購入する。これで1日乗り放題だ。せっかくなので、当時15駅だったゆいレールの全駅下車にチャレンジして、全てを見尽くすことにした。ゆいレールは日中でも8分間隔で運転しているので、駅めぐりはしやすい。全駅に記念スタンプが設置されていて、収集する楽しみもあった。

見飽きないもの

全国の鉄道を見た私にとって、ゆいレールは全てにおいて異彩を放つ路線に映った。まず、全駅の改札に2対のシーサーがいる。車内には沖縄らしい、軽快なメロディが流れて華やかだ。車窓からは大きなビルが建ち並ぶ都会の景色が見えるのに、ビルの合間からはエメラルドグリーンの海が見える。また各駅名が半分以上難読であるというのも、駅名フェチには魅力だった。

1月なのに車内は冷房が効いていて、車窓には桜がチラホラ咲き、すべての駅に「めんそーれ（いらっしゃいの意味）沖縄！」と歓迎幕がある。普通のモノレールなのにどこを切り取ってもお祭り要素があり、鉄道というよりは遊園地のおとぎ電車のように思えた。那覇空港や首里《しゅり》には、レールにモーターで動く分岐器（ポイント）がある。これが、グネグネと動く生き物のように見える。まさに線路の芸術。延々と見ていられるほどにおもしろく、ホームの端に張り付いて、眺め続けた。

那覇空港駅から出発すると、次は赤嶺《あかみね》駅。全駅下車の最後のゴール駅としたかったので、この駅での下車は飛ばして次へ進む。

旭橋《あさひばし》駅で降りて、近くのおそば屋さんでランチにしよう。沖縄といえば「沖縄そば」が有名で、中でも豚のスペアリブを載せたソーキそばが人気だ。乗り鉄の醍醐味ともいえる駅そば体験を「立ち食いソーキ駅そば」としてやってみたかったが、探してみたものの駅そば屋は見つけられなかった。この駅はバスターミナルの隣にあるので、市内外バスの乗り換えにも重宝する。

県庁前《けんちょうまえ》駅は駅名の通り官公庁施設に隣接した駅で、那覇市有数の繁華街にある。フリーきっぷには、ケンタッキーのポテト無料券とブルーシールのアイス無料券が付いていた。なんておトクなフリーきっぷなんだろう。きっぷを提示して、デザートを食べに行った。「ブルーシールアイス」とは戦後のアメリカ統治下でアメリカから持ち込まれたもので、現在は日本風にアレンジされて、軽い口当たりにさっぱりとした風味。フレーバーは30種以上あって、同じアメリカから来たサーティワンアイス同様に、いろんな味が楽しめる〝沖縄版アイス〟というべきか。1月に屋外のベンチに座って、半袖でアイスを頬張りながら、ゆいレールが走る姿を眺める。やっぱりゆいレールは全てが特別、いろいろな楽しみがある。

おちない駅

安里《あさと》駅は沖縄伝統工芸の壺屋焼《つぼややき》の工房が近い模様。この駅では、駅スタンプを収集する時は、改札窓口で申し出ると出してもらえる。チンヌク（里芋）とウイグァ（キュウリ）のイラストが描かれていた。

私が訪れた当時は終点が首里駅だった。ここから首里城にも足を運ぶ。結構遠かったけど、街並みを眺めながら歩いて行くのは楽しい。

この当時、首里城はまだ復元工事が完了していなかった。お城の建物は本州にあるものとは全く違い、中国式と日本式が融合した独特の様式で、鮮やかな朱色の姿は大きな神社殿を思わせるようだった。城跡部分が世界遺産として登録されたのも納得で、歴史を学びながら素晴らしい見学ができた。

本書執筆中の2019年10月末、火災で正殿・北殿・南殿が焼失するニュースを見たときは唖然としてしまい言葉を失った。30年越しの復元工事がやっと終わったばかりなのに……。沖縄の方々にとってシンボルというべき場所だったと思う。地元民ではない私も、胸が詰まる。

全駅下車を進めるなかで一番楽しみにしていたのは、おもしろ駅名の「おもろまち駅」だ。駅名の由来は琉球《りゅうきゅう》最古の歌謡集「おもろさうし」からで、〝おもしろい〟からではない。「おもろ」とは「思い」を指すそうだ。とはいえ、私の頭のなかでは「おもしろいから、おもろまち駅」と勝手にインプットされてしまっているので、ここにはどんな「おもろ」さがあるのかなと期待しながら降りた。

すると駅構内に沖縄産の医療用マスクの自動販売機があったり、100円区間の使用済みきっぷの〝お〟と〝ち〟を桜のスタンプで消して、試験に「〝お〟〝ち〟ない1

00点きっぷ」が駅員さんの手作りで無料配布されているなど、駅名の通り、楽しくて期待を裏切らないオモロい駅だった。現在は「おちない駅」として、受験シーズンに合格祈願きっぷなどが売られている。

その後、戻って最後の下車駅として残しておいた赤嶺《あかみね》駅へ。ここは沖縄本島南部への入り口でもあり、駅の外には日本最南端の駅碑があった。改札内には顔出しパネル式の達成証明書があって、自由に書き込めるホワイトボード掲示板も付いていた。

これにて、ゆいレール全駅制覇達成!

幻の名護《なご》駅舎からトロッコの旅へ

沖縄には1週間滞在して、有名な「美《ちゅ》ら海《うみ》水族館」や「ひめゆりの塔」も巡った。車の免許を持っていなかったので、レンタカーは借りられないが、沖縄は今や世界的な観光地。有名スポットへはツアーバスや送迎もあって、アクセスは良好だ。

絶対に外せなかったのは、「ネオパークオキナワ」。ここは自然を生かして広大なネットを張った園内に、鳥などの野生動物を放し飼いにしている、沖縄版サファリパークだ。亜熱帯特有の植物もあり、天然記念物のリュウキュウヤマガメやヤンバルクイナなど絶滅危惧種の動物にも会える場所。アマゾン川を再現したガラス張りの水中トンネルがあり、頭上を巨大な魚が泳いでいき、迫力がある。でも私の目的は動物たちではなく、園内で再現されて走る「軽便鉄道《けいびんてつどう》」に乗ることだった。

再現された名護《なご》駅の駅舎に入ると、煙の出ないバッテリー駆動式のＳＬにつながれて、窓のないトロッコ列車が止まっていた。きっぷ売り場では鯉のエサも売っている。きっぷと一緒に鯉のエサを買うなんて初めての経験だ。トロッコは、鳥や動物や植物を観察しながら園内を一周するので、観光列車に乗っている気分になる。

さっき購入した鯉のエサは、鉄橋を渡るときに活躍した。車内から目下に広がる大きな池に向かって節分の豆のように投げると、鯉の大群が口を開けて寄って来た。走る列車から鯉にエサをやるというのも、初めての体験で興奮が止まらない。

名護駅に戻ってきて、駅舎内の資料館に立ち寄る。ここもゆいレール展示館と同じで、北海道の記念切符や「オレンジカード」コレクションなどを始めとする、全国の鉄道グッズが並んでいて見応えがあった。

ホテルに戻る途中で沖縄の定食屋に入り、ゴーヤチャンプルーを注文。店内で流れていたテレビのニュースから、関東は数年に一度の大寒波で雪が積もり、鉄道は止まって交通が麻痺していると知って驚いた。一方、こちらは、クーラーの効いた店内で夏野菜の代表ともいえるゴーヤを食べている。なかなか現実感のないそのニュースに、夢と現実の境目がわからなくなるような感覚に陥った。沖縄の人は普段の全国ニュースを、こんな気持ちで見ているのだろうか。

そんななか、さらに現実離れした場所へ向かう。知る人ぞ知る沖縄中部の恩納村《おんなそん》にあり、潜って見にいく「青の洞窟スキューバダイビング」へ。この日のお客さんは1人参加の私と男女カップルの3人で、私はお邪魔になるのではないかと申し訳ない気持ちがあった。そしてその予感は的中する。海の中では流されないように全員が手をつながなければならず、彼女＋彼氏＋私で終始手をつないで泳ぎ、史上最強に気まずかった。そんな気持ちとは裏腹に、目の前には楽園が広がる。どこまでも透き通った海の中にはカラフルな魚が大集結していて、魚たちの車両基地みたいだ。1両運行の魚たちは餌付けのパンを目がけて全速力で集まってきて、とっても可愛い。このように頭の中で妄想ワールドに浸り、カップルに負けないほどに楽しんだ。

最終日には那覇空港駅で、日本最西端駅弁である「油味噌かつサンド」を買って、帰りの飛行機の中で食べた。フルーティーな甘しょっぱい味噌タレが絡み、これぞ南国の駅弁という味がする。美ら海の沖縄から離れていく寂しさもあって、余計に甘しょっぱく感じたのかもしれない。

ゆいレールはその後、2019年10月1日に首里〜てだこ浦西《うらにし》間4・1キロが延伸した。鉄道完乗のタイトル保持のために、また近々乗りに行くつもりだ。思えば、これまでずっと、女ひとりで鉄道旅をしてきた。ひとり旅と言うと「さびしくないの？」と聞かれるが、行く先々で見知らぬ人と出会う旅をしてきたので、さびしいと感じることはあまりない。

そもそも、ひとりでなければ得られない経験ばかりだ。全国で出会った人たちは、例えると「駅」だと思う。縁のある駅には導かれるようにしてつながる。もしかしたら次に出会う駅は、あなたかもしれない。ゆいレールのように、私もこの先の未来へ、人生という線路を延伸していきたい。

グニュグニュと動くゆいレールのポイント

幻だった沖縄県営鉄道嘉手納線の名護駅舎を再現

ヘンシェル社製Ｂ１形を模したバッテリー機関車

平成筑豊鉄道《へいせいちくほう》　赤駅《あか》でついに全線完乗達成

「鉄道ファン100人と、無人駅でイベントを行わせていただけないでしょうか……?」全線完乗を目前に控え、平成筑豊鉄道の本社でこんな無茶なお願いをする私がいた。

日本全線の7割を乗車したころ、目標として定めた全線完乗は、私の鉄道趣味に新たな刺激を与えてくれた。未乗路線をひとつひとつつぶしていくのは爽快感と達成感があり、ますます乗り鉄にのめりこんでいったのだ。

JR全線完乗を達成したあと、ラストスパートに向けてさらに全国を駆け巡るようになり、当時のマネージャーからの電話の第一声が「もしもし」から「いま何県?」に変わったほどだ。

乗車率が9割を超えたころ、未乗区間のリストを見ながら「最終ゴールはどこにしよう?」「私らしい最後を迎えられる場所はどこだろう?」と、思案を巡らせるのが日課となっていった。

完乗の瞬間をどう迎えるかは、鉄道ファンによって性格が出るからおもしろい。自身で地元新聞社へ取材依頼をして、友人を呼んで盛大にお祝いをしてもらう人もいれば、ひとりでじっくりとかみしめながら、しめやかに達成する人もいる。私は断然前者だ。これは、結婚式を「派手婚」にするか「地味婚」にするかに似ていると思う。ただし結婚式の私の希望は、恥ずかしさから後者である。かくして「派手完乗」を目指し準備が始まった。

ゴール地を選定するにあたって、①ファンのみなさんを呼んで盛大にイベントができる駅、②地方のローカル線であること、の2要件を満たす駅をリストアップしてみる。ローカル線にこだわった理由は、このイベントを通して少しでも鉄道会社の利益になればいいなと思ったからだ。

丹念に検証していると、第三セクターの平成筑豊鉄道・田川線《たがわ》に「赤《あか》」という駅を発見した。赤色は私が仕事着としている制服の色で、シンボルカラーといっても過言ではない。この地をゴール駅にしたら、私らしくてぴったりじゃないかな？

さらに赤駅をリサーチすると、無人駅で駅前には広場があり、周辺に民家はない。多少騒いでも近所の方に迷惑はかけずにすみそうだ。２駅隣の「源《げん》じいの森《もり》」駅には、バーベキュー施設や温泉がある。完乗イベントの打ち上げにうってつけだ。それに経験上、第三セクターの鉄道会社はフットワークが軽く、柔軟な対応をしていただける路線が多い。

思い立ったが吉日、知り合いの鉄道ファンに連絡をした。北九州の門司港《もじこう》駅近くにあって鉄道部品が店内にたくさん並ぶ和菓子店・柳月堂《りゅうげつどう》の店主さんだ。鉄道業界に多数の人脈を持つ店主に、平成筑豊鉄道の広報さんをご紹介いただき、直接交渉のため本社の建つ金田《かなだ》駅に向かった。

盛大なイベントを計画

平成筑豊鉄道には直方《のおがた》から乗車した。3月の線路沿いにはたくさんの菜の花が咲いていて、里山や田園が連なってとてものんびりとした風景が広がっており、乗っていて実に心地がよい……はずなのに、大切な交渉を控えているためソワソワして落ち着けない。そんな私に、車内の吊り広告に描かれている満面の笑みのマスコット「ちくまる」くんが、エールを送ってくれているように見えた。

本社を訪れると広報の原田《はらだ》さんと運転士の江川《えがわ》さんが出迎えてくれた。敷地内には車庫が併設されていて、江川さんが「せっかくだから、弊社の目玉車両でもあるレトロ号の中でお話しましょう」と言ってくれた。クロスシートで向かい合わせに座ると早速プレゼン開始。

「鉄道タレントとしての集大成である全線完乗のラストを、赤駅で迎えさせていただきたいと思っています。もちろんご迷惑はおかけしません。呼び掛けに集まってくれた鉄道ファン100人と、ここでイベントを行わせていただけないでしょうか…？」

さっき車内で、ちくまるくんに向かって何度も練習した言葉を伝える。すると江川さんは、「面白そうですね！　ウチを選んでくれてありがとう！　ぜひお願いします！」と、二つ返事でOKを出して下さった。

江川さんは40代で転職を決意し、自費で運転訓練費用を支払って憧れの運転士になった経歴の持ち主で、数年前に上映された映画「レイルウェイズ」の主人公と同じ道を歩んでこられたという。子供の頃から鉄道がずっと好きで、私のことも応援して下さっていたそうだ。このように全国を乗り鉄しているとき乗務員さんに「もしかして、木村さんですか？」と声をかけていただくことが多々あった。初めてお会いするのに私のことを細かに知っていてくれて、毎回感動してしまう。

原田さんからも「せっかくなら盛大にイベントをやりましょう」「車両も好きなものを選んでいいですよ」「ヘッドマークも作りましょう」と次から次へと夢のようなご提案を頂いた。改めて「ああ、私は本当に完乗するのだな」との実感が湧いてくる。

こうして赤駅をゴールの地にできることが決まった。お二人に何度もお礼を述べ、ラストの日に向けて「変な乗り鉄」に向かう。ゴールの赤駅は田川線の途中にある。そのため、虫食いのように未乗区間を残しておく必要があるのだ。いま完乗してしまったら、このプロジェクトは台無しになってしまう。そこで、赤駅がラストになるよう勾金《まがりかね》駅で降りてタクシーに乗り、3駅先の赤までワープ。

ゴールとなるこの駅をロケハンしつつ、列車から降りたあとのポーズをひとりでリハーサルしてから、この区間以外の3路線を乗り歩いた。次に来るとき、私はどんな気持ちになるんだろう。その再訪を胸に秘め、東京の自宅へと戻った。

完乗達成セレモニーに感無量

それから数か月、せっせと全国の未乗路線を乗りつぶす。すでに完乗を達成した先輩鉄道ファンから、「残り1割になってからが大変だよ」と聞いていたが、本当だ。

必死に乗車距離を増やしていく日々が続く。それと同時に、メディア各社へプレスリリースを送信。ブログで詳細を記載して、「お祝いしてください」とファンに呼びかけ、出欠名簿を作成。打ち上げを行うバーベキューの食材も手配。ヘッドマークのデザインをエクセルで自作する。結婚式の下準備をする花嫁も、こんな気分なのだろうか。だとしたら、なんて楽しいんだろう！

そして、待ちに待ったその日が、あっという間にきた。当日、最後の列車の出発地である直方駅に行くと、すでにたくさんのファンが待っていてくれた。プレスリリースを受けた地元テレビ局も、密着取材のため待ち構えてくれている。入線してきたレトロ号には、自分から自分へ向けてデザインしたヘッドマークが付いている。

さぁ、最終回を見に行こう！　乗車すると広報の原田さんが「完全乗車達成！」のプレートを用意してくれていて、列車の貫通扉上に貼らせてくれた。記念号として今後も付けたまま走ると告げられ、胸が幸せで満たされていくのを感じる。

ロケハンから8か月経ち季節は早春から晩秋に。前回、菜の花が咲いていた車窓からは、色とりどりの紅葉が目に飛び込んでくる。そういえば、岩手県では乗り鉄中にスマホを失くして予定が台無しになったけど、心優しい方が交番に届けてくれたなぁとか、愛媛県では闘牛の散歩をしていたおじいちゃんと出会い、一緒にあぜ道を歩いたなぁとか、これまでの思い出が蘇ってきた。長年連れ添った相棒のような赤い制服を着る私を乗せ、列車は勾金駅を過ぎて国内最後の未乗区間に進入。目頭がじんわりと熱くなってきた。

赤駅に到着。降りようとすると、運転士さんが花束と運転時刻表を贈呈してくれた。そして、駅では平成筑豊鉄道の社員の皆さん、ファンの皆さん、ゆるキャラたち、地元赤村の村長さんと議員さん、さらには近所の方までもが完乗を祝うセレモニーを準備して待ち構えてくれた。100人以上の人々に囲まれ、ゴールテープを切った。

議員さんが地酒を差し入れてくださり、その場で祝い酒がふるまわれる。盛大なセレモニーが終わると、「赤村トロッコ油須原《ゆすばる》線」のトロッコ特別乗車へ。次から次へとサプライズ歓待を受け、ここまでしてくれるみなさんに感謝の言葉しかなかった。

世界で一番幸せな鉄道ファン

全線完乗とは何なのだろう。履歴書の資格欄にも書けないし、なにかの役に立つこともない。誰かに認められることも褒められることでもない。達成してもなんらかの「形」として残るものでもない。それでも私は、この経験からさまざまなことを学んだ。どんなに辛く大変なことも、歩み続ければ、いつかは必ず終わると知ることができた。なによりも、他人の評価より自分がどうしたいかに従うことの大事さを学んだ。

私にとって鉄道趣味や乗り鉄は、人格形成にも大きな影響を与えてくれた、かけがえのないものだ。乗り鉄の旅も人生の旅も、多くの人に支えられている。鉄道があればこれからもどんな困難も乗り越えられる気がする。素晴らしい趣味を持ったものだ。

私はいま、世界で一番幸せな鉄道ファンだ。

裕子のワンポイント・旅コラム④

海外での乗り鉄の愉しみとは？

ついに私も世界進出。憧れていたバックパッカーとして、女ひとりのオーストラリア乗り鉄へ。もちろんプライベートの完全な個人旅行で、初めてのひとり海外。「世界とは怖いもの」という世間知らずな思い込みから、生きて帰れない可能性もあると出発前に母に遺書を渡しておいた。

メルボルンでは、トーマスのモデルとなった英国製造のＳＬが運転されるパッフィンビリー鉄道で森林を駆け抜けた。都心部が無料で乗り放題の世界最大規模のトラムにも乗った。メルボルンからは、個室寝台車でシドニーへ。この寝台列車には驚いた。１室２名のルーメットタイプで、1人乗車の場合は他の同性客と相部屋になる。お客さんが少なかったため、私は１人利用となりラッキーだった。

ベッドも布団も枕も、一流ホテルのようにふっかふか。通路に面した壁はガラス張りで、カーテンを閉めないと外から丸見えな構造。それを知らずに私は、日本の個室寝台感覚で着替えてしまい、他の乗客にバッチリ見られてしまったことは言うまでもない。日本の鉄道とはひと味もふた味も違う車両の設計が斬新で、すっかりはまってしまった。次はどこの国へ行こうかな？

ウワサじゃなくて、ちゃんとあった！幻と呼ばれた鉄道「立山砂防工事専用軌道」

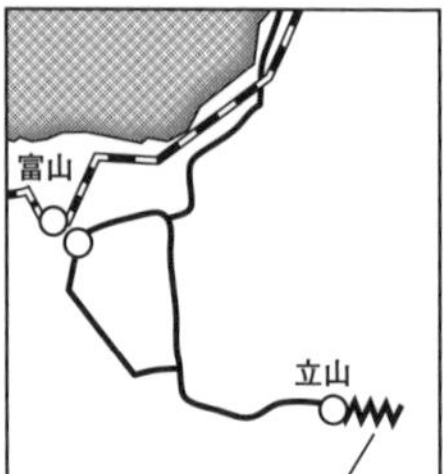

全線完乗ロスにはならない

予想外の現実に直面し、不安が押し寄せた。国内の鉄道全線を乗り終えたあと、私は燃え尽き症候群となり、乗り鉄へ出かける気力が湧かなくなってしまったのだ。

こんなときは、先人に学ぼうか。多くの乗り鉄ファンに今もなお読み継がれている紀行作家の宮脇俊三さん（1926〜2003）は、全線完乗を達成したあと目標を見失い、虚しさと寂しさが相まったアンニュイな気分が続いたという。まったく同じだ！　宮脇さんはその後、ほどなくして回復したと記してあった。そして私も復活した。やはり先人の叡智には学ぶことがたくさんある。

ふたたび乗り鉄を楽しめるようになると、私の中の乗り鉄ルールが「改正」された。全線完乗という大目標を達成したことにより、未乗車区間をクリアする命題から解放され、むしろ気軽に乗りに行けるようになったのだ。これは嬉しい結果となった。

日本の鉄道は多彩な魅力があり本当に奥が深い。同じ路線でも乗る季節、乗る車両、乗る時間帯、乗った日のお天気によって全く違う顔を見せる。過去に行った路線を乗りなおしても、そこには必ず新鮮な発見と感動がある。地元の人とのふれあいからいろいろなことを学ぶこともできる。鉄道はエンターテイメントだ。知れば知るほど、乗れば乗るほど魅力的なのだ。

さて、日本には全線完乗の路線に含まれない路線が多数存在することをご存じだろうか。鉄道ファンが「乗りつぶし」の対象にしているのは、2本のレールの上を走行する一般の鉄道をはじめ、モノレール、新交通システム、トロリーバス、ガイドウェイバス、ケーブルカーなど国土交通省が所管する正規の鉄道路線。一方、遊園地を走るSLなどの遊戯鉄道や、廃線後に観光施設として運行している保存鉄道といった種類は、乗り鉄の間では長らく鉄道として見なされることはなかったが、私にとってはまた違った顔を持つ〝彼ら〟も気になり、乗りつぶしと合わせて乗車していた。

地図にない鉄道の旅へ

それが近年では、鉄道趣味の細分化や深化により、これらの『時刻表』に載らない路線も、鉄道路線の一部、あるいは鉄道に準じた存在として仲間入りをさせる向きも出てきた。例えば、森林浴発祥の地で木材輸送をしていた長野県の赤沢森林鉄道《あかさわしんりんてつどう》や、鉱山輸送の歴史を持ち、走行日は本当に1円で乗車できる兵庫県の明延《あけのべ》1円電車など、おもしろい路線にあふれている。なかでも、富山県の「立山砂防工事専用軌道《たてやまさぼうこうじせんようきどう》」(以下、立山砂防《たてやまさぼう》)は、鉄道ファンの間で「一生に一度、乗れるか乗れないか」といわれている。なぜなら個人では抽選に当たった選ばれし者しか乗れないからだ。

立山砂防は国土交通省が管轄する工事用の路線で、全国有数の急流で暴れ川としても知られる常願寺川《じょうがんじがわ》沿いにあり、土砂が下流に流れないようにせき止める砂防ダムのメンテナンスと、資材を輸送するために建設された。なんと、沿線には38か所ものスイッチバックがあり、最も急な勾配は83・3パーミル！　全区間の高低差は640メートルに及ぶという。立山砂防では、他では味わえないここだけのスペシャルな乗り鉄体験ができるのだ。

工事用の資材や人員を輸送する目的で運転されている鉄道なので、本来なら一般の人は乗車できない。でも、7月から10月にかけて立山カルデラ砂防博物館が主催する「野外体験学習会」（以下、学習会）の「トロッコ個人コース」か「トロッコ団体コース」のいずれかに参加することにより、上り・下りのどちらか片道に乗車することができる。立山カルデラや砂防ダムを周知することを目的に実施されている学習会なので、トロッコの乗車時間よりも学習・見学の時間が長く、鉄道ファン向けのツアーというわけではない。それでも乗車できる唯一の方法のため、この幻のチケットを手にしようと抽選に運を賭けるのだ。

もちろん鉄道好き以外の参加希望者も多いため、応募多数の場合は抽選を勝ち抜く必要がある。抽選に運よくクリアしてもまだ安心はできない。当日の天候が悪いと中止されてしまうこともあるからだ。また、個人コースは毎週水曜日のみ、団体コースは毎週木曜日のみの開催なので、参加のハードルはかなり高い。宝くじの高額当選よりも狭き門のような気がする。私も「いつかは絶対乗ってやるぞ」との野心を抱きつつ、そのチャンスをずっとうかがっていたのだった。

すると、鉄道の神様は私に奇跡をもたらした！

本書の編集会議で、編集者であるSさんが乗車ルポとして立山砂防軌道を取り上げたいと示したのだ。なぜなら、彼も生粋の鉄道ファン。この路線の位置づけ、この路線を掲載する意味合いを重々理解している。数週間後、Sさんから当選したとの連絡が！　2度3度応募してやっと当選する人も珍しくないなかで、まさかの一発クリア。自宅で報告メールを見て絶叫し、愛猫を抱いて部屋の中をひとりぐるぐると踊った。鉄道の神に向けた歓喜の舞だ。同時に、この恩典を実りある取材にすると誓った。

ランチは海の幸のお弁当

取材日当日、富山《とやま》駅前のホテルのロビーで、Sさん、フリーの編集者Yさんと落ち合った。Yさんも生粋の鉄道ファンで、抑えきれない興奮が体から滲み出ている様子がうかがえた。ロビーで打ち合わせをするも、鉄道ファンが3人も集まると話はどんどん脱線していく。全く関係ない北海道の廃線跡の話がまとまった後、電鉄富山《でんてつとやま》駅に向かった。学習会の集合時間は立山カルデラ砂防博物館に8時30分。朝7時に出発しても間に合うのに、Sさんから乗車前に立山砂防の起点である千寿ケ原《せんじゅがはら》周辺の撮影と取材をしたいと提案があった。そこでは、おもしろいものが見られるらしい。それにより朝4時に起きて、電鉄富山発6時9分の岩峅寺《いわくらじ》行きに乗車することになった。

見学会には昼食持参必須とのこと。どこかで食料を入手する必要がある。Yさんは

「せっかく富山に来たのだから富山駅内にある〝ますのすし〟で有名な店『源《みなもと》』で弁当を購入したい」と言い、Sさんは「源の開店は6時ちょうどで、寄ると6時9分発に間に合わない可能性がある。源で買うのは諦めて立山で何らかの食料を調達すべきだ」と意見が分かれた。さあ困った。こういうとき、一番困るのは間に立つ人間だ。そして今回それは私である。いつもの私なら、両意見を褒めてから希望を伝えるという姑息な手を使うが、今はどちらも捨てがたい。

そこで、ひとまず源で弁当購入にチャレンジし、間に合わなそうだったら6時9分の列車に乗車して立山に着いてから探そう、との仲裁案を出したのだった。

源のシャッターは6時ちょうどに開いた。冷蔵ケースにはお馴染みの「ますのすし」「ぶりのすし」以外にも、いくつかの弁当やおにぎりが陳列されていた。それぞれが好きなものを購入することになっていたが、選んだのは3人とも「海鮮美食」という海鮮寿司弁当。3人の息が合って来たようで嬉しくなった。

予定通り電鉄富山から、岩峅寺行きに乗車。以前、関西の大手私鉄である京阪《けいはん》で走っていた特急用車両が使用されており、私たちは3両編成の中間に連結された2階建て車両の2階に乗車した。富山市街を抜けると、車窓には朝の光を浴びて緑に輝く田園風景が広がる。

岩峅寺での乗り換え時間は1分。足早に立山行きに乗り換える。ここから線路の両側には一気に山並みが近づき、車窓は山岳鉄道の様相を呈してくる。朝早いのに車内の座席はそれなりに埋まっていた。立山地区のホテルや観光施設で働く人たちだろうか。

立山黒部アルペンルートの富山県側の起点駅でもある立山駅は大きな山小屋風の建物。観光案内所や軽食堂、売店などが入る立山観光の拠点だ。何度かこの駅を訪れたことはあるが、ここから立山砂防の乗り場付近まで自由に行けるとは知らず、恥ずかしながらノーマークだった。

裕子サイズのトロッコ

2人とともに、立山砂防の拠点となっている千寿ヶ原連絡所を訪れる。機関庫は冬季の降雪に備えてか、鉄筋コンクリートの建物だ。ここから、続々と機関車が持ち場へと出発していく。小回りが利くよう小さく作られた機関車たちは、子供たちがワーっと外へ遊びに行くかのように次々飛び出し、その愛らしさに、誰も乗っていない客車に向かって思わず手を振ってしまった。幼稚園の先生になった気分だ。この光景はおもしろい。朝4時に起きてよかった。

車庫の裏手の常願寺川の河畔には保存車両の展示コーナーがある。機関車の後ろには客車が3両連結されていて中にも入れた。小柄な私ですら体を折り曲げるようにしないと乗れないほど、本当にちっちゃい。これまでいろいろなトロッコに乗車してきたが、極めつけの小ささだ。それに窓もない。

私の表情を見て察したのだろうか、Yさんは「立山砂防には人員輸送車と運搬車の

2種類あるけど、この車両は資材専用の運搬車です。今日これから乗るのは人員輸送車で窓もあるし、座面にはクッションも入っていますよ。この車両に乗るわけではないのでご安心ください」と説明してくれた。自身も乗ったことがないのに、すでに持つその博識っぷりに、やはり男性の鉄道ファンにはかなわないと思う。

はじまりはバスツアー

集合場所の立山カルデラ砂防博物館に戻ると、来場者が列を作っていた。参加者は2班に分けられており、私たちが参加する1班はバスで立山カルデラを見学してからトロッコで下山、2班は逆行程となる。トロッコで登山をする2班の方が、登山鉄道の気分をより強く味わえるような気もするが、こればかりは参加者には選べない。

1班の参加者は14名。夏休み前のせいか若者はいなかったが、鉄道ファンと思しき参加者は何人かいた。1班、2班とも最初にこの博物館で砂防事業の歴史と、この地域の地形、植物、動物などについて説明を受ける。

その後、トロッコに乗車する2班と別れ、私たち1班はマイクロバスに乗り込んだ。早速スタッフの男性が砂防施設について解説を始める。林道に入ると道は一気に険しくなり、カーブが連続する。運転手さんのハンドルさばきは、もはや職人技だ。

いくつかの砂防施設群を車内から見学するうちに、いよいよ東西が約6・5キロ、南北が約5キロという巨大な窪み「立山カルデラ」へ。ヘルメットをかぶるようにとのアナウンス。バスの車内にいてもかぶり続ける必要があるとのこと。万が一の落石事故への備えということだろう。全員の頭に丸く黄色いヘルメットが装着され、整列した姿を後ろから見ると、なんだか卵パックの中にいる気分に思えて、ひとり笑いをこらえてしまった。

立山カルデラ全体を一望できる六九谷展望台《ろくきゅうだにてんぼうだい》はこの見学会のハイライトだ。阿蘇の外輪山にも匹敵するダイナミックな景観に息を飲む。ガイドさんは、大自然の火山の噴火による造山活動と、崩落と侵食によって形作られたカルデラの成り立ちを事細かく解説してくれる。この見学会、かなり盛りだくさんで、山中の秘湯・立山温泉の跡地や、温泉に隣接する泥鰌池《どじょういけ》、湧水スポットにも立ち寄った。フルコース料理のように、神秘に包まれたメニューが目白押しだ。この一帯には、木道や吊り橋が整備されていて、森林トレッキングをしているような清々しい気分になれた。

マイクロバスで最後に訪れた白岩堰堤《しらいわえんてい》は、立山カルデラの入り口部分にある立山砂防事業の要石。高さ63メートルの本堰堤と、下流の7基の副堰堤で構成されていて、全体の高さは108メートルに及ぶ。全てのスケールが大きく、そこに立つとガンダムに乗った人間のように小さい。堰から放水される大量の水は、一帯に冷たい空気の流れを作り出し、まるで天然のエアコン。ほてっていた身体を癒してくれた。

山中の無人温泉施設「天涯《てんがい》の湯」の前でマイクロバスを降り、ここから徒歩で立山砂防の水谷《みずたに》連絡所を目指す。ここから国土交通省の案内係も同行する。かつてはこの一帯まで軌道が延びていたようで、道路のアスファルトからレールが顔を覗かせていた。なんだか廃線跡めぐりをしているような気分になり、3人のテンションがぶわっと上がったが、それを見て何が楽しいのかわからないガイドさんは首をかしげていた。

長いトンネルを抜けると出張所に到着。既に私たちが乗るトロッコ列車が停車しており、気分はますます盛り上がってくる。早く乗りたい気持ちを抑え、ここで1時間ほどの昼食休憩。2人とともに富山駅で購入した「海鮮美食」をいただく。標高1117メートルの高原で味わう海の幸もなかなかオツなものだ。

ついに驚愕のトロッコ体験

乗車時刻になり参加者たちはヘルメットをかぶりなおしてホームに並ぶ。乗車する列車は、小型のディーゼル機関車が牽引、これに3両の客車が連結されている。乗車前にじっくりと車両を観察したかったが、すぐ出発のため早く乗り込むように促された。座席はベンチシートの3人掛け。できれば真ん中の席は避けたいところ。私とSさんは素早く窓際の席を確保することができたが、お手洗いのためワンテンポ遅れてきたYさんは3人がけの中央部となった。Yさんは身長180センチあり、かなり窮屈そうだ。窓側の私と変わりましょうかと提案するため顔をのぞき込むと、「念願のトロッコだ！　俺は幸せの絶頂だ！」と言わんばかりの笑みを浮かべ、目からキラキラのビームが出ていたので、そのままそっとしておくことにした。

参加者全員が揃ったことを確認すると、ディーゼル機関車はエンジン音を上げながら加速していく。全長18キロ、高低差640メートル、1時間45分の乗り鉄が始まった。出発直後、カルデラを一望できるポイントで一時停車。見学会の行程で何度も見た立山カルデラだが、鉄道の車内から見ると額縁が付いてさらに雄大な光景に見えるから不思議だ。これは日本でも有数の「絶景車窓」といえるのではないか。進行方向左側には崖、右側は絶壁。よくぞこのようなところに線路を敷いたものだと感心する。最初のトンネルに入る。トンネル内はディーゼル機関車のエンジン音が響き渡った。客車には照明がないので、しばらく暗闇の中を走る。一瞬、遊園地のアトラクションに乗っているような気分になった。いや、ここはきっと富山のディズニーランドだ。トンネルに飛ぶコウモリがミッキーに見えてきた。

事前に調べたところ、立山砂防の下り列車の最高速度は時速15キロ。信号機が設置されていないので、急ブレーキで止まれる範囲のスピードに抑えているそうだ。そのため、ゆっくりと山を下っていくのだろうと漠然と考えていた。

ところが実際に乗車してみると結構なスピード感。連続するカーブ区間では車体が左右に揺れ動くため、そのたび乗客にもGがかかる。だけど、線路やバラストは定期的に交換されているようで、全体的な乗り心地は決して悪くない。

一生分のスイッチバック

出発して約8分。いよいよ樺平《かんばだいら》の18段連続スイッチバック区間に入った。鉄道ファンにとっては、ここからの約15分が最大の見どころとなる。ジグザグと前後に進みながら勾配を緩和する施設だが、18段にも及ぶスイッチバックは世界的にも類例がないとされている。地球上にここだけ。そこに今いる優越感がたまらない。

まず驚いたのは、方向転換までの時間が短いこと。一般の鉄道のスイッチバックは、運転士が前後の運転席に移動する必要があるので最低でも1分程度はかかるけど、ここではポイントの切り替えも自動化され機関士がリモコンで操作しているので、ものの3秒程度ですぐに折り返す。また、1段あたりの走行時間も短い。下車後にYさんが計測していたと知り、聞くと40～90秒とタイムを教えてくれた。まさか秒数まで測っていたとは。その鉄道愛に脱帽である。さらに進行方向は目まぐるしく変わる。バック運転の際、機関士は後方を振り返りながら「箱乗り」のように身を乗り出しての運転操作を行う。これも他では見られない激レアな光景だ。

スイッチバック区間に入ると車内にいても体が前に後ろに反れて、急勾配区間を走行していることを体感できる。速度の遅いジェットコースターのよう。なんといってもここは日本一の急勾配なのだ。また、スイッチバックの折り返し地点には「樺平18」のように、名称と段数の番号が記された標識が設置されている。これを見ると全体のどのあたりの位置にいるのか一目瞭然。アナログのGPSだ。

窓から下方を眺めるとこれから進む区間のレールがつづら折り状に連なっていて、「いいね！」がたくさんもらえそうなインスタ映えを誇っている。線路脇には雑木林が連なっており空気も心地よい。木々の切れ目からは立山連峰の名峰・薬師岳《やくしだけ》が見える。途中の「樺平9」は上下列車の交換設備があった。ここですれ違った列車は運搬車を3両連結しており、車内には機材が積まれていた。立山砂防の本来の役割を垣間見ることができた。

立山ケーブルとの邂逅《かいこう》

樺平のスイッチバック区間が終わると、列車は樺平連絡所を通過。女性の作業員が緑色の旗を振り、列車に通過を指示している。女性と列車が旗を通じて会話しているようで、その様子をしばし眩しく眺めていた。

この場所は立山砂防の終点だった時期が長かったため、構内には折り返し用として三角形状のデルタ線がある。1929年の開業からしばらくの間、ここから水谷との間はインクラインという貨物用ケーブルカーで結ばれていた。この連絡所の標高は882メートル、18段スイッチバックで200メートル以上高度を下げたことになる。終点に近づくにつれ、徐々に空気が暖かくなってきた。

スイッチバックはまだまだ終わらない。2段のサブ谷、2段のグズ谷、4段の七《しち》郎《ろう》、2段の鬼《おに》ヶ城《じょう》と続く。七郎トンネルを抜けると鬼ヶ城連絡所を通過。この連絡所は地方の第三セクターでよく見かけるログハウス風のオシャレな建物。思わず途中下車したくなる衝動にかられた。この一帯、山林、橋梁、小川のなかにわずかばかりに連絡所や資材置き場の人工物がある。鉄道模型のパイク（ミニレイアウト）のモチーフになりそうだ。ドローンで上空からこの路線を空撮したら、模型ファン垂涎の画像が撮影できるのではないだろうか。雪のない半年の間に進める作業が目白押しなのだろう。

沿線には作業員の方が数多く配置されていた。トンネル内では列車と壁のわずかな隙間を平然と歩いている。最初、こんな場所に人がいるはずないと目を疑い、思わずSさんに「いま……見えました?」とビクビクしながら聞くと、「見えたよ。幽霊じゃないよ」と笑いながら返ってきて心の底から安心した。

4段の妙寿《みょうじゅ》スイッチバックを抜けたあたりから、美しい杉林の中へと入っていく。桑谷連絡所を過ぎるころには、進行方向左手の常願寺川の川面がはっきり見える。車窓からはいくつもの砂防施設が見え、都度スタッフが解説してくれる。今日一日で一生分の砂防施設を見た気分だ。

中小屋《なかごや》連絡所、大谷《おおたに》トンネルを抜け最後のスイッチバックとなる4段の千寿《せんじゅ》スイッチバックへ。「千寿2」にはまたデルタ線があった。ここから千寿ケ原に戻らずに折り返す車両もあるのだろうか。「千寿1」ではアルペンルートの立山ケーブルの線路が隣接。たまたま上りのケーブルカーがすれ違ったが、手を振る間もなく行ってしまった。きっとあちらから見えた方にとっては、レア新幹線のドクターイエローとすれ違った気分になったかもしれない。少なくとも私にとってこの列車は、見る人も乗る人も幸せにさせる幸運のトロッコだと思う。

終着の千寿ヶ原営業所に到着。構内には複数の留置線もあり、ちょっとしたターミナル然とした雰囲気。ホームには立山砂防のイラストマップも設置されていて華やかだ。参加者たちはホームで記念撮影しながら、満ち足りた表情。余韻にひたっているのだろう。私自身も、難敵をクリアしたような、実に爽快な気分だ。これだから乗り鉄はやめられない。

さて、まだ日も高い。すぐに東京に戻るのももったいない。立山ケーブルで高原ハイキングにでも行こうか。富山か魚津《うおづ》で富山湾の朝どれの刺身に舌鼓を打つのも悪くない。富山地鉄で宇奈月温泉《うなづきおんせん》に行ったら、明るいうちに岩風呂に入れそうだ。2人にも相談してみようかな。きっと朝と違って、全員の意見が1度でピタッと合うはずだ。

あとがき

日本とはどんな国ですか?と聞かれたら、あなたはなんと答えるだろう。

10年前までの私の答えは「冷たい国」だった。

名古屋から上京して、それはますます真実となる。だから、休みの日にはひとりになりたくて人から逃げるように乗り鉄へ出かけ、ひとりの時間にひたる。その時間は何物にも代えがたい幸せだった。そんな私に全国各地でヘンなことが起こり始める。北海道遠軽《えんがる》駅ではランチで入ったラーメン屋のご店主と仲良くなり、自宅にお招きいただいてズワイガニをたらふくご馳走いただいた。岩手県花巻《はなまき》駅では携帯を紛失して途方に暮れていたところ、休憩所で出会った知らないおばさんが車で観光案内をしてくれた。愛媛県宇和島《うわじま》駅では牛と散歩をしていたおじいちゃんと一緒に歩いた。熊本県天草諸島《あまくさしょとう》では、流木ハープ職人のおじさんと意気投合し、2人でハープを演奏しながら島をめぐった。

いつしか「今日はどんな人に出会えるかな」と列車に乗るようになる。その頃から冒頭の問いの答えは180度変わった。世間は菩薩。日本とは、愛情に溢れた国だ。

日本の鉄道を完乗したとき、鉄道は夢をかなえてくれる乗り物だと知った。たとえば、バスケットがしたい時はホームにバスケゴールが設置されている秋田県の五能《ごのう》線・能代《のしろ》駅がある。ドラマチックに告白したい時は鹿児島県の指宿枕崎《いぶすきまくらざき》線を走る観光列車「指宿《いぶすき》のたまて箱」がおすすめ。車内に隠された玉手箱にメッセージを入れると車掌さんが車内放送で読み上げてくれるのだ。塩対応の車掌が好きなら、静岡県の大井川鐵道《おおいがわてつどう》井川《いかわ》線へ。ここは夏になるとヒルが大発生することから車掌がポケットに塩を忍ばせて、お客さんの体に見つけると退治してくれる。なんとも甘い塩対応だ。

鉄道は時代とともに変化した。戦時中は武器を運び、高度成長期には人を運び、そしていまは観光列車が急増して「楽しい」を運んでいるように思う。「1分でも早く目的地へ」から「1分でも長く車内にいたい」との理由で鉄道を選ぶ人が増えてきた。

本書で、あなたが1分でも多く「おもしろい」と感じていただけていたら。本の続きを全国へ探しに出かけてほしい。鉄道が、出会うべく人の元へ運んでくれるだろう。

木村裕子（きむら・ゆうこ）

名古屋出身。幼少期から鉄道が好きで、ＪＲ車内販売員を経て元祖鉄道アイドルから鉄旅タレントへ。2015年に日本の鉄道全線完乗達成。国内旅行業務取扱管理者の資格を持ち、カルチャースクールで講師も務める。

現在は月に７本の連載を始め、「アメトーーク！『鉄道ファンクラブ』」（テレビ朝日）に出演するなど多数メディアでも活躍中。

趣味は「列車に乗っておもしろい場所に訪れる」ことが好きな乗り鉄。

他に、変な神社・変な食べ物・変なホテル紹介が得意。

著書には『木村裕子の鉄道一直線』（ぶんか社）のほかか『木村裕子の鉄道が100倍楽しくなる100鉄』（天夢人）などがある。

（注）本書の掲載内容は著者が乗り鉄した当時の情報です。最新の情報とは異なる場合がありますので、ご了承ください。

女子鉄《じょしてつ》ひとりたび

2020年1月5日　初版第１刷発行

著　者　木村裕子《きむらゆうこ》

発行者　小川真輔

発行所　ＫＫベストセラーズ

〒171-0021　東京都豊島区西池袋5-26-19　陸王西池袋ビル４階

電話 03-5926-5322（営業）　03-5926-6262（編集）

https://www.kk-bestsellers.com/

印刷所　近代美術

製本所　フォーネット社

ＤＴＰ　オノ・エーワン

定価はカバーに表示してあります。

乱丁・落丁本がございましたら、お取り替えいたします。

ISBN978−4−584−13941−7 C0065　©Yuko Kimura　Printed in Japan 2020